TIERE

Grundschulwissen

DORLING KINDERSLEY

DORLING KINDERSLEY
London, New York, Melbourne, München und Delhi

Englische Originalausgabe erschienen bei:
Kingfisher, an imprint of Macmillan Children's Books

Für die deutsche Ausgabe:
Programmleitung Monika Schlitzer
Projektbetreuung Martina Glöde
Herstellungsleitung Dorothee Whittaker
Herstellung und Covergestaltung Beate Fellner

Bibliografische Information Der Deutschen Bibliothek
Die Deutsche Bibliothek verzeichnet diese Publikation
in der Deutschen Nationalbibliografie;
detaillierte bibliografische Daten sind im Internet über
http://dnb.ddb.de abrufbar.

Titel der englischen Originalausgabe:
Everything you need to know about animals

Übersetzung Eva Sixt
Lektorat Manuela Knetsch

ISBN 978-3-8310-1766-9

Printed in China

Besuchen Sie uns im Internet
www.dorlingkindersley.de

Hinweis
Die Informationen und Ratschläge in diesem Buch
sind von den Autoren und vom Verlag sorgfältig erwogen und geprüft,
dennoch kann eine Garantie nicht übernommen werden.
Eine Haftung der Autoren bzw. des Verlags und seiner Beauftragten
für Personen-, Sach- und Vermögensschäden ist ausgeschlossen.

TIERE

Grundschulwissen

Nicola Davies

Dorling Kindersley

Inhalt

Mehr als ein Lexikon!

Dieses Buch steckt nicht nur randvoll mit Wissenswertem über die Welt der Tiere, es hält auch jede Menge tolle Extras bereit: erstaunliche Fakten, hilfreiche Worterklärungen, knifflige Fragen mit faszinierenden Antworten und viele Bastel- und Spielideen. Viel Spaß!

▶ WISSENS-BOX

Die Kästchen mit Ausrufezeichen enthalten spannende Zusatz-Infos zu den Themen, die auf den Lexikonseiten behandelt werden. Diese Wissens-Box stammt aus dem Kapitel „Nahrung aufnehmen". Du findest sie auf Seite 68.

ERSTAUNLICH

Der Blauwal ist das größte Tier der Erde. Er wiegt so viel wie 17 Afrikanische Elefanten. Und er ist so lang wie zwei Busse hintereinander.

FASZINIERENDE TIERWELT

Regenwürmer graben sich durch den Erdboden. Unter einem Hektar Wiese können bis zu 3 Tonnen Regenwürmer leben! Sie bewegen jedes Jahr 30 Tonnen Erde. Ungefähr so viel wiegen alle Kühe, die auf der Wiese weiden könnten, zusammen.

◀ FASZINIERENDE TIERWELT

In diesem Buch stehen unglaubliche Geschichten über Tiere. In den Kästen mit den Sternen kannst du sie nachlesen. Diesen hier findest du auf Seite 16 im Kapitel „Vielfalt der Tiere".

WORTSCHATZ

Rückenflosse
Die Flosse am Rücken eines Fischs.

Kiemen
Von feinen Blutgefäßen durchzogene Hautfalten, die Sauerstoff aus dem Wasser aufnehmen.

Sauerstoff
Ein Gas, das Tiere brauchen, um Energie aus Nahrung zu gewinnen.

▲ WORTSCHATZ-ZETTEL

Manche Begriffe sind so schwierig, dass man sie erklären muss. Deswegen findest du im Buch immer wieder solche praktischen Wortschatz-Zettel. Dieser gehört in das Kapitel „Sich fortbewegen". Du findest ihn auf Seite 36.

▶ FINDEST DU'S?

Hiermit testest du, was du auf den Bildern alles entdecken und benennen kannst. Dieser Pfotenabdruck gehört in das Kapitel „Tierkinder" (Seite 139).

HABEN ALLE TIERE AUGEN?

Viele einfach gebaute Tiere wie Würmer haben keine Augen. Bei einigen Fischen und anderen Tieren, die in dunklen Höhlen leben, haben sich die Augen im Lauf von Jahrmillionen zurückgebildet, weil sie nicht gebraucht werden.

▲ FRAGEKREIS

Sicher gibt es vieles, was dich brennend interessiert. Viele spannende Fragen werden im Fragekreis beantwortet. Dieser stammt aus dem Kapitel „Die Welt wahrnehmen". Du findest ihn auf Seite 99.

FINDEST DU'S?

1. ein schlangensicheres Nest
2. ein Tier, das seine Eier mitschleppt
3. ein Vogel, der in Gesellschaft brütet

▶ IDEEN-ECKE

Achte auf den Farbklecks! Er zeigt an, dass es wieder einmal etwas Tolles zum Basteln oder Ausprobieren gibt. Diese Ideen-Ecke stammt aus dem Kapitel „Sich fortbewegen". Du findest sie auf Seite 49.

IDEEN-ECKE
Gepardenmaske

Mit Faschingsschminke kannst du zum Gepard werden. Umrahme deine Augen schwarz, ziehe dicke Streifen von den inneren Augenwinkeln zu den Mundwinkeln. Lippen und Nasenspitze werden auch schwarz, Stirn und Wangen tragen schwarze Flecken. Und jetzt knurren!

▼ IN DER URZEIT

Hier kannst du etwas über Tiere erfahren, die vor langer Zeit auf der Erde lebten. Diese Box steht auf Seite 112 und gehört zum Kapitel „Die Welt wahrnehmen".

▲ DAS BRAUCHST DU

Weißes und farbiges Papier, Karton, Kleber, Bindfaden, Gummiband, Schere, Buntstifte, Radiergummi, Wachsmalkreide, Knetmasse, lufttrocknende Modelliermasse, Farben, Pinsel, Strohhalme, Plastikbecher und -flaschen, Wolle, Klebeband, Knöpfe, Perlen, Alufolie, Filz, Klettverschluss, Glitter, Holzstäbchen, Kunstfell, Pfeifenreiniger und Pappbecher.

IN DER URZEIT

Lambeosaurier waren pflanzenfressende Dinosaurier, die vor 75 Millionen Jahren lebten. Sie hatten riesige hohle Knochenkämme am Kopf. Der Hohlraum war mit der Nase verbunden. Vielleicht haben sie mit den Kämmen wie mit einer Trompete Töne hervorgebracht.

SO FUNKTIONIERT ES

Wenn du dich in den Finger schneidest, gerinnt dein Blut. Es bildet eine Kruste, damit du nicht zu viel Blut verlierst. Das Gleiche passiert bei allen Tieren. Blutsauger wie Vampirfledermäuse und Neunaugen (rechts) haben Stoffe im Speichel, die verhindern, dass Blut gerinnt. Deshalb können sie längere Zeit trinken.

▶ SO FUNKTIONIERT ES

In diesen Kästen wird etwas, das du auf der Seite nachlesen kannst, genauer erklärt. Dieser hier findet sich auf Seite 89 im Kapitel „Nahrung aufnehmen".

Vielfalt der Tiere

Die ersten Tiere, die vor über 600 Millionen
Jahren auf der Erde erschienen, waren klein.
Im Lauf der Zeit haben sich viele größere
und komplizierter gebaute Tiere entwickelt.
Heute gibt es weit über eine Million
verschiedene Tierarten.

Einfach gebaute Tiere

An was denkst du, wenn du das Wort „Tier"
hörst? An einen Hund? Einen Fisch? Eine Spinne?
Es gibt aber viele Tiere, die keine Beine oder
Flügel und nicht einmal einen Kopf haben.
Einige von ihnen sehen eher aus wie Pflanzen.

◄ Die ersten Tiere entwickelten sich vor über 600 Millionen
Jahren und sahen wohl ähnlich
aus wie dieses Kragengeißeltierchen. Sein Körper besteht
aus einer einzigen Zelle.
Tausende Tiere würden in
einen Stecknadelkopf passen.

Einzelliges
Kragengeißeltierchen

FINDEST DU'S?
1. Tentakel
2. Fossil
3. Riff
4. Einzeller
5. Nesselzelle

ERSTAUNLICH

Alle Lebewesen bestehen aus Zellen,
die so klein sind, dass du sie nicht
siehst. Jede Zelle ist von einer
Membran (Hülle) umgeben und
enthält noch kleinere Bestandteile.
Dein Körper besteht aus 200 verschiedenen Zellarten. Insgesamt
sind es über 50 Billionen Zellen!

◄ Lebewesen, die aus vielen
Zellen bestehen, sind größer
und komplizierter aufgebaut
als einzellige Lebewesen. Zu
den ersten vielzelligen Tieren
gehörten die Schwämme.

Schwamm

► Bei Seeanemonen umgibt ein Ring aus Tentakeln die Mundöffnung. In den Tentakeln befinden sich Nesselzellen. Die werden im Wasser wie winzige Harpunen auf kleine Tiere abgefeuert. Dann wird die Beute in den Mund befördert.

Nesselschlauch
Widerhaken

Nesselzelle einer Seeanemone

Seeanemone

IN DER URZEIT

Viele heute lebende Schwämme sind weich. Bei Schwämmen aus der Urzeit, die versteinert sind, kann man aber erkennen, dass diese Tiere harte Skelette hatten. Sie bildeten Riffe, genau wie die Korallen heute.

◄ Eine Koralle ist eine Kolonie aus vielen winzigen Tieren, die Seeanemonen ähneln und in einem harten Skelett leben. Verschiedene Korallen bauen ein Riff auf. Das kann Hunderte Kilometer lang sein und bietet auch anderen Tieren einen Lebensraum.

Einfach gebaute Tiere

Füßchen und Stacheln

Seeigel

Seeigel und Seesterne kennst du wahrscheinlich vom Strand. Sie gehören zu einer seltsamen Tiergruppe: den Stachelhäutern. Diese haben kleine Füßchen, die mit Wasser gefüllt sind. Zum Schutz tragen viele von ihnen Stacheln und einige sehen aus wie Blumen!

▲ Seeigel bewegen sich mit ihren Stacheln fort. In ihrem Gehäuse befindet sich an der Unterseite ein Kauapparat mit Zähnen. Damit zerkleinern und fressen die Tiere Algen.

FASZINIERENDE TIERWELT

Der Dornenkronenseestern hat bis zu 19 Arme. Das Tier kann einen Durchmesser von 60 cm haben und trägt giftige Stacheln. Es frisst Korallen. Am Großen Barriereriff in Australien haben diese Seesterne schon viele Korallenkolonien zerstört.

▶ Mit gefiederten Armen fängt die Seelilie kleine Lebewesen und befördert sie zum Mund in der Mitte der Arme. Seelilien sitzen am Meeresgrund fest und sehen aus wie Blumen.

WIE VER-TEIDIGT SICH EINE SEEGURKE?

Sie schleudert klebrige Fäden aus dem Körper aus, die dem Angreifer das Maul ver-kleben.

▲ Es gibt ungefähr 1250 verschiedene Seegurkenarten. Sie leben am Meeres-grund und einige Arten vergraben sich im Sand. In ihrer Haut haben sie Stacheln, mit denen sie besser geschützt sind.

Ein Seestern öffnet eine Muschel.

► Seesterne haben an der Unterseite der Arme Hunderte kleiner Röhrenfüßchen. Sie pumpen Wasser hinein und wieder heraus und bewegen sich so fort. Mit ihren Armen können sie auch Muschelschalen öffnen, um das Fleisch der Muschel zu fressen.

Röhren-füßchen

IDEEN-ECKE

Seeigel-Stiftehalter

Rolle ein großes Stück lufttrocknender Modelliermasse zu einer Kugel. Bohre in die obere Hälfte Löcher, in die deine Stifte passen. Verziere den Seeigel mit Perlen und Knöpfen, wenn er trocken ist. Die Stifte sind seine Stacheln.

Schalen und Tentakel

Schnecken im Garten, Muscheln am Strand und Tintenfische im Meer sehen ganz unterschiedlich aus. Aber all diese Tiere haben einen weichen Körper und eine Schale. Sie gehören zur selben Tiergruppe: den Weichtieren.

◄ Ein Schneckenhaus ist spiralförmig. Anfangs ist es winzig, dann baut die Schnecke vorn am Rand neue Teile an. So passt sie noch ins Haus, wenn sie wächst.

? WIE BEWEGEN SICH SCHNECKEN FORT?

Muskeln an der Kriechsohle am Fuß der Schnecke ziehen sich in Wellen zusammen. Die Sohle sondert Schleim ab, sodass die Schnecke darauf vorwärtsgleitet.

▼ Wichtige Organe der Schnecke, wie das Herz, sind im Haus geschützt. Kopf und Fuß stülpt die Schnecke aus, wenn sie Nahrung sucht. Droht Gefahr, zieht sie sich schnell ins Haus zurück.

Herz und andere Organe im Schneckenhaus

Stiel-auge

Fuß

IN DER URZEIT

Ammoniten sind versteinerte Schalen von Weichtieren, die mit den heute lebenden Tintenfischen verwandt waren. Vor etwa 190 bis 65 Millionen Jahren gab es viele verschiedene Arten.

▲ Es gibt Hunderte verschiedener Weichtiere mit Schalen, wie diese Muschel (links) und Meeresschnecke (rechts). Die Gehäuse haben wunderschöne Formen, Farben und Muster, mit denen die Tiere in ihrem Lebensraum getarnt sind.

▲ Sepien gehören zu den Tintenfischen. Sie sind schnelle Schwimmer und haben gute Augen und kräftige Tentakel, um Beute zu fangen. Ihre Schale befindet sich im Körper. Die Tiere können Farben und Muster verändern.

WORTSCHATZ

Tarnkleid
Farben und Muster, mit denen das Tier kaum zu erkennen ist.

Fressfeind
Ein Tier, das andere Tiere jagt und frisst.

Beute
Ein Tier, das von anderen Tieren gefressen wird.

▼ Bei Meeresnacktschnecken hat sich das Schneckenhaus zurückgebildet. Sie schützen sich mit Giften in ihrer Haut. Die bunten Farben warnen Fressfeinde vor dem Gift.

Würmer und Egel

Fast überall wandeln Regenwürmer abgestorbene Pflanzenteile in fruchtbare Erde um. Aber in Seen, Flüssen und im Meer gibt es noch andere Würmer. Die, deren langgestreckter Körper in Abschnitte unterteilt ist, gehören zur Gruppe der Ringelwürmer.

▲ Der Körper der Seemaus ist mit Borsten bedeckt, die sie zur Fortbewegung einsetzt. Sie gräbt am Meeresgrund nach anderen Ringelwürmern, ihren Beutetieren.

FASZINIERENDE TIERWELT

Regenwürmer graben sich durch den Erdboden. Unter einem Hektar Wiese können bis zu 3 Tonnen Regenwürmer leben! Sie bewegen jedes Jahr 30 Tonnen Erde. Ungefähr so viel wiegen alle Kühe, die auf der Wiese weiden könnten, zusammen.

▼ Vielborstige Ringelwürmer haben an jedem Segment kurze Borsten, die sie beim Schwimmen und Graben einsetzen. Sie machen aus Spucke ein klebriges Netz, mit dem sie Nahrungspartikel einfangen, die im Wasser schweben.

SETZEN ÄRZTE NOCH BLUTEGEL EIN?

Ja, wie seit 5000 Jahren werden medizinische Blutegel auch heute noch eingesetzt. Wunden verheilen so oft schneller.

▲ Medizinische Blutegel leben in Süßwasserteichen. Wenn Rinder oder Pferde dort trinken, heften sich die Egel mit ihren Saugnäpfen an deren Haut. Mit Zähnen beißen sie sich fest und saugen das Blut der Tiere.

▶ Federwürmer leben am Meeresgrund in Bauen aus Sandkörnern, die sie mit Schleim verkleben. Die Tiere stülpen ihre Tentakelkrone aus und filtern winzige Nahrungsteilchen aus dem Wasser.

▲ Hier ist das Ende des Wurms aufgeschnitten zu sehen. Du kannst die Abschnitte erkennen. Der Wurm zieht sie der Reihe nach zusammen. So kommt er mit wellenförmigen Bewegungen voran.

IDEEN-ECKE

Wurmmobile

Zeichne Kreise auf Buntpapier und schneide sie aus. Dann schneide jeden Kreis von außen nach innen spiralförmig ein. Die Mitte ist der Wurmkopf. Binde hier einen Faden fest und hänge den Wurm auf.

Gepanzerte Tiere

Vor etwa 500 Millionen Jahren erschienen die ersten Tiere mit einem festen Panzer und gegliederten Beinen auf der Erde. Heute bilden ihre Nachkommen die größte und erfolgreichste Tiergruppe: die Gliederfüßer.

FINDEST DU'S?

1. ein Tier mit drei Beinpaaren
2. ein Tier mit acht Augen
3. zwei Tiere, die im Meer leben

▲ Alle Insekten haben wie dieser Käfer sechs Beine. Viele, wie Schmetterlinge und Fliegen, haben auch Flügel. Käfer falten ihre Flügel zusammen, wenn sie sie nicht brauchen.

◄ Krabben gehören zu den Krebstieren. Sie haben fünf Beinpaare. Das vorderste hat Scheren zum Fressen und zur Verteidigung. Krabben sind die Müllabfuhr der Meere: Sie ernähren sich von toten Tieren.

▶ Spinnen haben acht Beine und acht Augen. Mit Spinndrüsen hinten am Körper spinnen sie Seide. Daraus weben sie Netze und Fallen.

WORTSCHATZ

Spinnentiere
Zu dieser Gruppe gehören Spinnen, Skorpione und Milben.

Krebstiere
Krebse, Krabben, Hummer und Garnelen gehören dazu.

Insekten
Zu dieser Gruppe gehören Käfer, Fliegen und Schmetterlinge.

▶ Die meisten Hundertfüßer haben entweder mehr oder weniger als 100 Beine. Sie sind Räuber. Große Arten können Menschen kräftig beißen.

IN DER URZEIT
Trilobiten waren Gliederfüßer, die vor 540 bis 250 Millionen Jahren in den Meeren lebten. Man hat über 17 000 versteinerte Arten gefunden, manche so klein wie Flöhe, andere so groß wie Fahrradreifen. Ihre nächsten noch lebenden Verwandten sind die Pfeilschwanzkrebse.

Versteinerter Trilobit

Entwicklung der Wirbelsäule

Alle Tiere, die dir bisher im Buch begegnet sind, nennt man wirbellose Tiere, denn sie haben keine Wirbelsäule. Tiere mit einer Wirbelsäule, wie Fische, Amphibien, Reptilien, Vögel und Säugetiere, sind Wirbeltiere. Dieser Gruppe gehören die größten Tiere der Erde an. Die Wirbelsäule entwickelte sich aber zuerst bei kleinen Tieren.

WANN GAB ES DIE ERSTEN WIRBELTIERE?

Es gibt 495 Millionen Jahre alte Conodonten. Diese Tiere ähnelten Schleimaalen. Erste Lanzettfischchen gab es aber wohl schon früher.

▲ Das kleine Lanzettfischchen lebt in warmen Meeren. Entlang des Rückens verläuft das Rückenmark, das von einem Stab gestützt wird. Vor 500 Millionen Jahren war er der Vorläufer der Wirbelsäule.

FASZINIERENDE TIERWELT

Manche Menschen finden den Schleimaal ziemlich eklig. Wird er bedroht, gibt seine Haut viel Schleim ab. Dieser dehnt sich im Meerwasser aus und umgibt den Fisch mit einer glibberigen Hülle. Fressfeinde bleiben kleben und ersticken manchmal.

▼ Seescheiden sehen aus wie kleine Tüten. Sie strudeln Meerwasser ein und filtern Nahrungsteilchen heraus. Ihre Larven (Babys) können schwimmen und haben eine Art Rückenmark. Manche Seescheiden treiben ihr Leben lang im Meer umher, andere, wie die unten, sitzen an Felsen.

▲ Bei Tieren, die Lanzettfischchen ähnelten, entwickelte sich eine Art Vorläufer der Wirbelsäule. Bei Schleimaalen (oben) sieht man, wie der nächste Schritt ausgesehen haben könnte. Sie haben einen einfachen Schädel ohne Kiefer.

IN DER URZEIT

Ostracodermen lebten vor 420 Millionen Jahren. Wie Schleimaale hatten diese Fische keine Kiefer. Aber sie besaßen eine Wirbelsäule und einen Panzer aus Knochenplatten.

Kiefer und Skelette

Die ersten echten Wirbeltiere waren Fische. Eine Wirbelsäule stützte den Körper und ein Schädel schützte ihr Gehirn. In den Kiefern saßen Zähne. Mehr als die Hälfte aller Wirbeltiere sind Fische.

▲ Es gibt zwei Hauptgruppen von Fischen. Knochenfische, wie dieser Kabeljau, haben ein Skelett aus Knochen. Bei Knorpelfischen wie den Haien (rechts) besteht das Skelett aus demselben Material wie deine Ohren: aus Knorpel.

▲ Knochenfische gibt es in unglaublich vielen Formen und Größen, von torpedoförmigen Thunfischen hin zu winzigen Seepferdchen. Viele, wie dieser Falterfisch, sind leuchtend bunt. So erkennen sich Fische der gleichen Art gegenseitig.

IN DER URZEIT

Quastenflosser lebten vor 450 Millionen Jahren. Früher dachten Wissenschaftler, sie seien vor dem Erscheinen der Dinosaurier ausgestorben, denn man kannte nur ihre Fossilien. 1938 aber wurde ein lebender Quastenflosser vor der Küste Südafrikas gefangen. Seitdem hat man viele dieser Fische gesehen.

WORTSCHATZ

Plankton

Winzige Tiere und Pflanzen im Meer, die mit den Gezeiten und Strömungen umhertreiben.

Schädel

Die harten Teile des Kopfs, die Gehirn, Augen und Innenohr schützen.

► Rochen, wie der riesige Mantarochen, sind mit den Haien verwandt. Ihr Körper ist sozusagen ein abgeflachter Haikörper und ihre „Flügel" sind große Brustflossen. Mantarochen sind keine Räuber, sondern friedliche Planktonfresser.

▲ Die meisten Haie, wie diese Blauhaie, sind Raubfische. Im Skelett sind nur die Kiefer und Zähne verknöchert. Haie haben mehrere Zahnreihen. Ausgefallene Zähne werden schnell ersetzt – ein Hai kann also immer kräftig zubeißen!

IDEEN-ECKE

Fische aus Müll

Schneide Fischumrisse aus Karton aus. Dann schneide aus Einwickelpapier von Süßigkeiten, Alufolie und Buntpapier Schuppen aus. Klebe sie so auf, dass sie überlappen. Hänge die Fische ins Fenster: Sie „schwimmen" im Licht.

Beine entwickeln sich

Vor etwa 400 Millionen Jahren verließen einige Wirbeltiere das Wasser und besiedelten das Festland. Aus ihren Flossen entwickelten sich allmählich Beine, aber die Tiere waren noch vom Wasser abhängig. Ihre Nachfahren sind die Frösche, Kröten, Molche und Salamander: die Amphibien.

Die Vorderbeine bilden sich.

Die Molchlarve hat gefiederte Kiemen.

WAS SIND KAULQUAPPEN?

Kaulquappen nennt man die frisch geschlüpften Jungen von Fröschen und Kröten. Sie leben im Wasser und atmen durch Kiemen.

▼ Amphibien atmen durch ihre feuchte Haut. Sie müssen an feuchten Orten leben. Die Haut dieses Pfeilgiftfroschs ist außerdem giftig. Die leuchtenden Farben warnen Fressfeinde, dass der Frosch keine leckere Mahlzeit ist.

Das Molchweibchen legt Eier und heftet sie an Wasserpflanzen.

▲ Amphibieneier, wie diese Molcheier, sind weich und geleeartig. Sie entwickeln sich nur im Wasser. Wenn die Larven schlüpfen, ähneln sie Fischen. Sie bleiben im Wasser, bis ihnen allmählich Beine wachsen. Erwachsene Tiere leben an Land.

Die Hinter-
beine wachsen.

Die Kiemen sind ver-
schwunden, Lungen
haben sich entwickelt.
Der Molch kann
an Land leben.

IN DER URZEIT

Ichthyostega war eines der ersten
Wirbeltiere, das an Land lebte.
Fossilien zeigen, dass das Tier
einen Fischschwanz und schwache
Beine besaß. Es verbrachte wohl
noch viel Zeit im Wasser, wie viele
heute lebende Amphibien.

▼ Wabenkröten legen ihre
Eier nicht im Wasser ab. Das
Männchen drückt die Eier in
die Haut am Rücken des Weibchens. Hier bleiben sie feucht.
Winzige Kröten entwickeln
sich, schlüpfen schließlich und
hüpfen davon.

FASZINIERENDE TIERWELT

Die größte heute noch lebende Amphibie
ist der Chinesische Riesensalamander, der
1,8 m lang und 65 kg schwer werden kann.
Leider essen die Chinesen ihn gern, deshalb
gibt es in Chinas Gebirgsbächen nur noch
sehr wenige dieser Tiere.

Wasserdicht!

Krokodile, Echsen, Schildkröten und Schlangen gehören zur Gruppe der Reptilien. Diese Tiere sind nicht mehr auf das Wasser angewiesen wie Amphibien. Sie haben Schuppen und legen Eier mit einer festen Schale. Deshalb können sie fast überall leben, sogar in der Wüste.

▼ Schlangen sind eine sehr erfolgreiche Reptiliengruppe. Sie sind geschickte Räuber und erbeuten Ratten, Mäuse, Vögel oder andere Schlangen. Einige, wie dieser Hundskopfschlinger, können sogar klettern!

IN DER URZEIT

Auch die Dinosaurier waren Reptilien. Mehr als 160 Millionen Jahre lang lebten Tausende verschiedener Dino-Arten auf der Erde. Einige waren klein wie Hühner, andere riesig: *Diplodocus* war 26 m lang!

▲ Das größte Reptil, das heute an Land lebt, ist der Komodowaran. Er kann 3 m lang und 70 kg schwer werden. Mit seinen Krallen und giftigem Speichel tötet er seine Beute.

Chamäleons fangen
mit ihrer Zunge
Insekten.

▲ Der Panzer einer Schildkröte
besteht aus Knochenplatten, die mit
Keratin (Horn) bedeckt sind, dem
Stoff, aus dem deine Finger-
nägel sind. Greift ein Feind
an, zieht die Schildkröte
Kopf und Beine in den
Panzer und ist geschützt.

▲ Es gibt viele Chamäleonarten.
Einige sind klein wie dein kleiner
Finger, andere bis zu 80 cm lang.
Alle können die Farbe wech-
seln – so geben sie sich
gegenseitig Signale oder
tarnen sich. Mit ihrer langen, klebrigen Zunge fangen
sie Insekten.

IDEEN-ECKE

Stegosaurus aus Blättern

Zeichne die Umrisse eines *Stegosaurus* und bestreiche
ihn mit einer Schicht Klebstoff. Klebe Blattstückchen
als Haut auf. Ganze Blätter bilden die Rückenplat-
ten. Klebe zwei kurze Zweige auf die Schwanzspitze:
Mit solchen Stacheln hat *Stegosaurus* Angreifer
abgewehrt.

Federn und Flug

Vögel haben Federn, Flügel und Schnäbel und sind damit sehr erfolgreich: Federn halten warm und dienen zum Fliegen. Mit dem Schnabel können Vögel Nüsse knacken, Nektar trinken oder Fische und Mäuse fangen.

?

WIE VIELE FEDERN HAT EIN VOGEL?

Ein großer Vogel wie ein Schwan hat bis zu 25 000 Federn. Ein Rotkehlchen hat nur ungefähr 200.

▶ Aras haben gekrümmte, sehr kräftige Schnäbel, mit denen sie harte Nüsse knacken. Mit dem bunten Federkleid finden die Vögel im schattigen Regenwald einander.

◀ Flügel sind umgebildete Vorderbeine, die Federn tragen. Papageitaucher und andere Seevögel setzen ihre Flügel zum Fliegen und Tauchen ein. Unter Wasser dienen sie bei der Jagd auf Fische als Paddel.

▶ Die meisten Vögel sind tagsüber aktiv und schlafen nachts. Bei Eulen ist es umgekehrt. Sie haben ein hervorragendes Gehör und fliegen mit ihren weichen Federn fast lautlos. Unbemerkt stoßen sie auf Mäuse oder Ratten herab.

▶ Die kleinsten Vögel sind die Kolibris. Manche sind so klein wie dein Daumen. Mit ihren langen Schnäbeln trinken sie zuckerhaltigen Nektar aus Blüten.

▶ Alle Vögel legen Eier. Meistens brüten die Eltern das Ei in einem Nest aus. Das Küken im Ei entwickelt sich und schlüpft schließlich.

Hellrote Aras

IN DER URZEIT

Archaeopteryx lebte vor 150 Millionen Jahren und war einer der ersten Vögel. Er hatte Federn wie ein Vogel, aber Kiefer mit Zähnen wie die Reptilien, von denen er abstammte. Es wurden auch Fossilien von Dinosauriern gefunden, die Federn trugen.

Säugetiere mit Fell

Die wohl bekannteste Tiergruppe ist die, zu der auch wir Menschen gehören: die Säugetiere. Säugetiere haben ein Fell – bei dir sind das deine Haare. Ihre Körpertemperatur ist immer etwa gleich hoch (gleichwarm). Die Weibchen bringen weit entwickelte Junge zur Welt und säugen sie mit Milch.

IN DER URZEIT

Thrinixodon lebte vor 248 Millionen Jahren. Obwohl das Tier ein Reptil war, hatte es ein Fell und war wahrscheinlich gleichwarm. Alle heute lebenden Säugetiere stammen von solchen Vorfahren ab.

▼ Delfine haben kein Fell, aber sie bringen weit entwickelte Junge zur Welt. Delfine sind gleichwarm, genau wie wir. Die Brustflossen sind umgebildete Vorderbeine. Die Hinterbeine sind zurückgebildet. Stattdessen haben Delfine eine Schwanzflosse.

◄ Die größten Tiere der Erde sind Säugetiere. Diese Giraffe könnte in ein Fenster im 2. Stock gucken. Sie hat aber nur sieben Halswirbel, genau wie du!

▼ Säugetiere kümmern sich gut um ihre Jungen. Diese Fuchsmutter hat ihre Welpen gesäugt und jagt nun für sie. Sie zeigt ihnen auch, wie das geht, damit sie bald selbstständig leben können.

▲ Im Flügel einer Fledermaus sind dieselben Knochen wie in deiner Hand. Zwischen vier langen Fingern spannt sich die Flughaut. Der Daumen dient zum Festhalten.

IDEEN-ECKE

Essbare Giraffe

Ein Viertel Apfel ist der Körper der Giraffe. Stecke vier Plastikstrohhalme hinein: Die Hinterbeine sollten etwas kürzer sein als die Vorderbeine. Ein fünfter Strohhalm dient als Hals, eine halbe Weintraube als Kopf. Du kannst natürlich auch Knetmasse für Körper und Kopf verwenden, dann ist die Giraffe haltbar.

Alles klar?

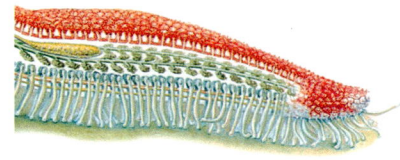

◄ Die am einfachsten gebauten Tiere, z. B. Korallen oder Seeanemonen, sehen eher wie Pflanzen aus.

▲ Seesterne laufen auf vielen kleinen Röhrenfüßchen.

▲ Amphibien können an Land leben. Ihre Eier entwickeln sich aber nur im Wasser.

▲ Insekten, Spinnen, Krebse, Hundert- und Tausendfüßer haben gepanzerte Körper und gegliederte Beine: Sie sind Gliederfüßer.

▲ Schnecken und Tintenfische sind miteinander verwandt. Sie sind Weichtiere.

▲ Füchse, Giraffen, Affen und Menschen sind Säugetiere. Sie bringen weit entwickelte Junge zur Welt und säugen sie mit Milch.

▲ Bei Fischen, Amphibien, Vögeln, Reptilien und Säugetieren ist das Skelett innen im Körper. Sie sind Wirbeltiere.

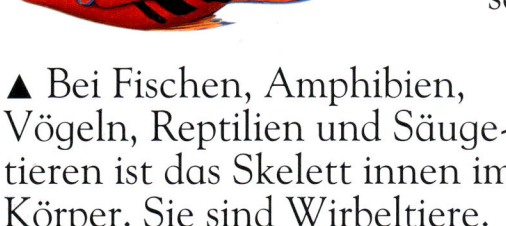

▲ Reptilien legen Eier mit fester Schale. Anders als die Eier von Amphibien können sie sich an Land entwickeln.

▲ Das Federkleid hält Vögel warm und dient zum Fliegen. Mit dem Schnabel fressen Vögel.

Sich fortbewegen

Pflanzen und Tiere kann man unter anderem daran unterscheiden, dass Tiere sich aktiv fortbewegen können. Die meisten Pflanzen sind in der Erde verwurzelt. Tiere schwimmen, laufen oder fliegen. Auf diese Weise fangen sie Beute oder suchen Nahrung, fliehen oder halten nach Partnern Ausschau.

Sich treiben lassen

Viele Tiere, die im Meer leben, treiben mit den Meeresströmungen umher. Manche von ihnen sind winzig, einige Quallen aber sind so groß wie ein Fahrradreifen. Wind und Wasser sorgen für die Fortbewegung. Die Tiere müssen nur steuern.

HABEN QUALLEN FRESSFEINDE?

Zwei große Tiere im Meer fressen Quallen: der Mondfisch, der 3 m lang und 2 t schwer werden kann, und die Lederschildkröte – sie wird 2,5 m lang und 800 kg schwer.

◄ Rippenquallen nennt man auch Seestachelbeeren. Ihr Körper besteht aus einer Art Gelee und sie gehen nicht unter. Sie schlagen mit winzigen Geißeln, um kleine Beutetiere zu verfolgen.

► Gib einen Tropfen Öl ins Wasser: Er schwimmt. Die winzigen Tiere (rechts) und Pflanzen des Plankton treiben deshalb nah an der Wasseroberfläche. Ihre Körper enthalten Öle.

▲ Die meisten jungen Quallen sitzen an Felsen fest. Dann wandelt sich ihr Körper in eine Art Suppenteller mit Tentakeln um. Dieser Schirm zieht sich immer wieder zusammen, sodass Wasser ausgestoßen wird. So kommt die Qualle vorwärts. Mit den langen Tentakeln fängt sie Beute.

▲ Eine solche Segelqualle wird manchmal am Strand angespült. Es handelt sich dabei nicht um ein einzelnes Tier, sondern um eine Gruppe quallenähnlicher Tiere. Eines bildet das Segel, sodass der Wind die Kolonie über die Meeresoberfläche bläst.

▶ Auch die Portugiesische Galeere ist eine etwa 30 cm lange Kolonie quallenähnlicher Tiere. Unten hängen giftige, bis zu 50 m lange Tentakel ins Wasser, mit denen die Kolonie Fische fängt. Sie zu berühren, kann für Menschen schmerzhaft sein.

FASZINIERENDE TIERWELT

Die giftigste Qualle ist die australische Seewespe. Schon eine erdnussgroße Qualle kann einen Menschen töten. In Australien werden einige Badestrände mit Netzen eingezäunt, um die Badegäste vor den gefährlichen Tieren zu schützen.

▲ Das Perlboot ist mit den Tintenfischen verwandt. Es treibt nicht in der Strömung, sondern hat ein mit Gas gefülltes Gehäuse. Nachts steigt es aus der Tiefsee in höhere Wasserschichten auf, wo es Nahrung findet.

Schwimmen

Tiere, die schnell schwimmen, müssen stromlinienförmig sein und kräftige Muskeln haben. Eine gute Durchblutung sorgt dafür, dass die Muskeln mit Sauerstoff und Nährstoffen versorgt werden. Fische entwickelten diese Merkmale zuerst und noch immer gehören sie zu den besten Schwimmern.

WORTSCHATZ

Rückenflosse
Die Flosse am Rücken eines Fischs.

Kiemen
Von feinen Blutgefäßen durchzogene Hautfalten, die Sauerstoff aus dem Wasser aufnehmen.

Sauerstoff
Gas, das Tiere brauchen, um Energie aus Nahrung zu gewinnen.

▲ Schnell schwimmende Fische, wie Fächerfische, Marline und Thunfische, haben kräftige Muskeln. Sie schlagen mit der Schwanzflosse hin und her, sodass ihr torpedoförmiger Körper durchs Wasser schnellt.

◀ Dieser Riffhai schlägt mit der Schwanzflosse, um sich fortzubewegen. Brust- und Bauchflossen dienen als Steuer und verhindern, dass der Körper umkippt. Beim Schwimmen strömt Wasser ins Maul und über die Kiemen.

◀ Fächerfische gehören zu den schnellsten Fischen. Auf der Jagd legen sie ihre große Rückenflosse flach an und schießen mit über 25 km/h durchs Wasser. Mit verlängertem Oberkiefer teilen sie Hiebe aus und betäuben ihre Beute.

▲ Viele Fische schwimmen in Schwärmen wie diese Heringe. Mit ihrem Seitenlinienorgan an den Körperseiten können sie „fühlen". Deshalb rempeln sie sich nicht an.

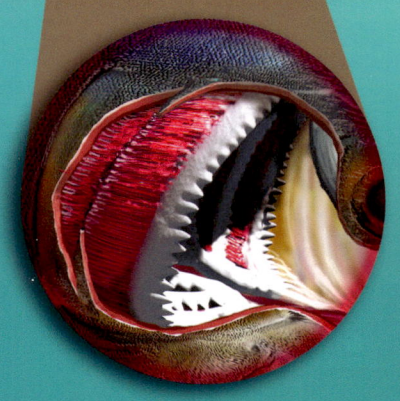

▲ Fische nehmen mit ihren Kiemen Sauerstoff aus dem Wasser auf. Der Sauerstoff gelangt ins Blut und wird zu den Muskeln transportiert. Muskeln können nur mit Sauerstoff arbeiten.

IDEEN-ECKE

Was schwimmt am besten?

Forme aus Knetmasse Kugeln, Rechtecke, Boote und Fische. Stecke in jede Form einen Zahnstocher. Bewege sie in einer Schüssel mit Wasser umher: Du wirst merken, dass die stromlinienförmigen Dinge den geringsten Widerstand und kaum Wellen erzeugen.

Tauchen

Fische können in Flüssen, Seen und Meeren leben, weil sie durch Kiemen unter Wasser atmen. An der Luft ersticken sie. Reptilien, Säugetiere und Vögel atmen Luft. Manche von ihnen leben zwar im Wasser, müssen zum Atmen aber regelmäßig an die Oberfläche kommen.

► Wale und Delfine atmen an der Wasseroberfläche Luft und speichern Sauerstoff im Blut und in den Muskeln. Beim Tauchen halten sie die Luft an. Tümmler können 900 Meter tief tauchen und eine Stunde unter Wasser bleiben!

▼ See-Elefanten bringen ihre Jungen an Land zur Welt. Ihre Beute – Fische und Tintenfische – fangen sie im Meer. Wie Wale speichern sie Sauerstoff im Blut. Sie können 600 Meter tief tauchen.

Tümmler

Südliche
See-Elefanten

WARUM TAUCHEN DIESE TIERE?
In den Meeren, Flüssen und Seen gibt es viel Nahrung: Fische, Muscheln, Tintenfische und Plankton. Das lassen sie sich nicht entgehen.

▲ Beim Wal befinden sich die Nasenlöcher oben am Kopf. Man nennt sie Spritzlöcher. Atmet der Wal aus, steigt eine Fontäne aus Luft und Wasser auf, der Blas.

ERSTAUNLICH

Der Pottwal taucht am tiefsten hinab: 2000 bis 3000 m tief. Er kann über eine Stunde unter Wasser bleiben.

▲ Ihr Federkleid hält Pinguine im eiskalten Meer warm und trocken. Sie können aber nicht so viel Sauerstoff im Körper speichern wie die großen Wale und Robben. Deshalb bleiben sie nicht lange unter Wasser. Diese Kaiserpinguine tauchen 530 Meter hinab.

▶ Meeresschildkröten atmen Luft und ersticken, wenn sie lange unter Wasser bleiben müssen. Sie können aber auch durch die Haut in der Kehle Sauerstoff aus dem Wasser aufnehmen und deshalb eine ganze Weile tauchen.

Wasser und Land

Amphibien leben an Land, müssen aber ins Wasser zurück-kehren, um sich fortzupflanzen. Auch andere Tiere leben sowohl im Wasser als auch auf dem Festland. Sie können schwimmen und laufen.

◀ Auf dem Festland atmen Frösche mit ihrer Lunge Luft und hüpfen auf ihren langen Hin-terbeinen. Im Wasser schwimmen sie mit Vor-der- und Hinterbeinen. Sie nehmen durch die Haut Sauerstoff aus dem Wasser auf.

▲ Molche laufen, wenn sie an Land sind. Um sich zu paaren und Eier zu legen, wandern sie zu einem Teich. Dann wächst ihnen eine Flosse am Rücken, die beim Schwimmen hilfreich ist. Wenn sie an Land zurück-kehren, wird die Flosse wieder kleiner.

FINDEST DU'S?

1. zwei Amphibien
2. ein Reptil
3. einen Fisch, der laufen kann
4. Amphibieneier

WIE HIN- DERST DU EIN KROKODIL AM ZUSCHNAPPEN?

Halte ihm das Maul fest zu. Die Muskeln, mit denen es die Kiefer schließt, sind sehr kräftig. Die, mit denen es sie öffnet, sind aber schwach!

▲ Schlammspringer sind Fische, die im Schlamm „herumlaufen". Die Vorder- flossen sind wie kleine Beine gebaut und die Fische speichern Wasser in den Kiemen, um an Land atmen zu können.

▼ Wenn Krokodile unter der Wasseroberfläche schwimmen, atmen sie mit den Nasenlö- chern oben auf der Schnauze. Sie schwimmen unbemerkt zu ihrer Beute und schnappen plötzlich zu. An Land können sie bis zu 16 km/h schnell sprinten.

IDEEN-ECKE

Bissiges Krokodil

Schneide aus Pappe ein Krokodil aus – mit GROSSEN Zähnen! Dann schneide einen Unterkiefer aus, der etwas zu lang ist. Befestige ihn mit einer Versandtaschenklam- mer. Bringe einen Holzstab oben am Kopf an und einen zweiten vorn am Unterkiefer: Jetzt lass es zuschnappen!

Schlängeln und kriechen

Viele Tiere, vor allem kleine und wirbellose, haben keine Beine. Trotzdem bewegen sie sich fort. Schlangen sind Wirbeltiere, deren Beine sich im Lauf von Jahrmillionen zurückgebildet haben, weil sie in Bauen unter der Erde lebten. Erst später wurden sie zu geschickten Jägern.

Die Schlange stützt sich am Boden ab.

Die Schlange schiebt den Kopf nach vorn.

▶ Viele Schlangen schlängeln sich über den Boden. Durch Schuppen an der Körperunterseite finden sie Halt, wenn sie sich vorwärtsschieben.

FASZINIERENDE TIERWELT

Wir haben den Eindruck, dass Schlangen flink sind. Die meisten können aber mit einem Menschen, der schnell geht, kaum mithalten. Manche sind über kurze Strecken schneller, die flinkste Schlange aber, die Schwarze Mamba, erreicht nur eine Spitzengeschwindigkeit von 16 km/h.

▼ Der Körper eines Regenwurms ist ein von Muskeln umgebener Schlauch. Kleine steife Borsten ragen heraus. Indem der Wurm die Muskeln abwechselnd zusammenzieht, bewegt er sich vorwärts. Mit den Borsten findet er Halt.

SO FUNKTIONIERT ES

Der Kriechfuß der Schnecke ist ein großer Muskel. Er zieht sich in Wellen zusammen und entspannt wieder. So bewegt sich die Schnecke fort. Das funktioniert aber nur, weil der Fuß Schleim abgibt, auf dem die Schnecke vorwärtsgleitet.

▶ Schmetterlingsraupen haben kleine Bauchbeine, mit denen sie sich vorwärtsbewegen. Spannerraupen haben nur ein Beinpaar vorn und eines hinten am Körper. Beim „Laufen" bilden sie Schleifen mit dem Körper.

Das ist die Raupe des Seidenspinners.

▲ Schnecken bewegen sich auf einer Schleimspur vorwärts. Ihr Fuß sondert den Schleim ab. So kriechen sie auf einem glitschigen Pfad voran.

▶ Viele Schlangen wenden die Technik des Seitenwindens an, wenn sie sich über Sand fortbewegen. Dabei berühren immer nur kleine Stellen des Körpers den Boden.

KÖNNEN SCHLANGEN SCHWIMMEN?

Einige Schlangen verbringen ihr Leben im Wasser und können sehr gut schwimmen. Die größte Schlange der Erde, die Anakonda, lebt in Flüssen. Seeschlangen leben im Meer.

Die Wand hochgehen

Wir Menschen können nicht an den Wänden hochlaufen oder kopfüber an der Decke hängen. Einige kleine Tiere können das. Weiter oben finden sie Nahrung und sind vor größeren Tieren sicher. Geckos z. B. können an der Decke oder unten an einem Ast entlanglaufen.

▼ Auf der Erde gibt es ca. 90 000 verschiedene Fliegenarten. Sie sind auch deshalb so erfolgreich, weil sie überall sitzen können, sogar an einer senkrechten Scheibe. Winzige Härchen und Haken an ihren Füßen machen das möglich (siehe rechts).

▲ Unten an den Zehen eines Geckos wachsen Millionen winziger Härchen. Sie sind so klein, dass sie mit Kräften haften, die auch einzelne Atome zusammenhalten. Jedes Haar für sich haftet nur ganz wenig. 6,5 Millionen Haare aber „kleben" einen 50 Gramm schweren Gecko kopfüber an die Decke.

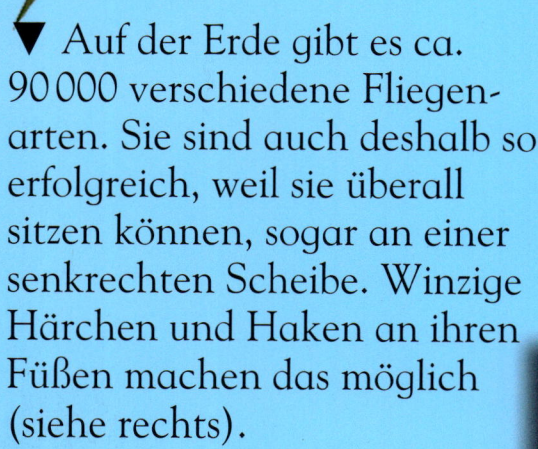

Fliegen-
fuß

Haare —

Krallen

SO FUNKTIONIERT ES

Das Kunststück mit den Fliegen- und Geckofüßen funktioniert nur bei kleinen Tieren. Mit gebogenen Krallen hält sich eine Fliege an winzigen Unebenheiten fest. Mini-Härchen an den Sohlen haften auch an glatten Oberflächen.

WORTSCHATZ

Atome
Winzige Teilchen, aus denen alle Stoffe der Erde bestehen.

Moleküle
Etwas größere Teilchen, die aus einzelnen Atomen aufgebaut sind.

▶ An der Wasseroberfläche bilden die Wassermoleküle eine Art Film. Der ist so stabil, dass er kleine Tiere wie den Teichläufer trägt. Dessen lange Beine verteilen das Körpergewicht, sodass er nicht untergeht.

▼ Kleine Tiere sind im Verhältnis zu ihrer Größe viel stärker als größere. Eine Ameise kann 20-50-mal ihr eigenes Gewicht tragen. Insekten transportieren schwere Lasten in ihre Nester.

IDEEN-ECKE

Anhänglicher Gecko
Schneide aus Filz einen Gecko aus. Die Augen sind Knöpfe, seine Flecken sind Pailletten. Nähe an die vier Fußsohlen die haftende Seite von Klettverschluss. Dein Gecko kann zwar nicht die Wände hochlaufen, am Pulli hält er sich aber prima fest.

Jede Menge Beine

Als Skelett bezeichnet man die harten Teile des Körpers, die ihm seine Form verleihen. Unser Skelett befindet sich innen im Körper, wie bei allen Wirbeltieren. Gliederfüßer aber haben eine feste, stabile Körperhülle: ein Außenskelett.

Eine Gottesanbeterin lauert einer Wespe auf.

WORAUS BESTEHT EIN AUSSENSKELETT?

Aus zwei Stoffen: Chitin (das ähnelt dem Stoff deiner Fingernägel) und dem biegsamen Resilin. Deshalb ist der Panzer bei Gliederfüßern stabil und elastisch zugleich.

▲ Bei Gliederfüßern wie dieser Gottesanbeterin bestehen die Beine aus mehreren Gliedern, die mit Gelenken verbunden sind. Ein solches Bein kann man für viele Aufgaben einsetzen.

◄ Die Gottesanbeterin läuft mit vieren ihrer sechs Beine. Mit dem vordersten Beinpaar fängt sie ihre Beute. Die Schabe (links) läuft auf allen sechs Beinen.

Spinn-
drüsen

Krallen

Kieferklauen

▲ Die Beinmuskeln befinden
sich bei Gliederfüßern in den
„Röhren" des Außenskeletts.
Spinnen pumpen Blut in ihre
Beine, um sie zu strecken.
Zum Beugen setzen sie
Muskeln ein.

Abschnitte

Haare

Bein

▲ Bei Tausendfüßern ist der
Körper in viele Abschnitte
unterteilt. An jedem Abschnitt
sitzen zwei Beinpaare. Tausendfüßer bewegen ihre Beine
in einer Wellenbewegung hintereinander, damit sie nicht
durcheinandergeraten.

FASZINIERENDE TIERWELT

Insekten atmen durch winzige Öffnungen
im Außenskelett, die Stigmen. Sie führen
zu Röhren, den Tracheen, die die Luft im
Körper transportieren. Das funktioniert
aber nicht mehr, wenn sie länger sind als
1 cm. Deshalb sind auch die längsten
Insekten nur 2 cm dick.

Sprinten auf vier Beinen

Die ersten Wirbeltiere, die das Festland besiedelten, hatten Vorder- und Hinterbeine mit Fingern und Zehen. Bei den heute lebenden Wirbeltieren sind die Gliedmaßen noch immer nach demselben Bauplan aufgebaut. Bei Geparden und Gazellen, die schnelle Läufer sind, kannst du es beobachten.

Laufender Gepard

Sprintender Gepard

▶ Ein Gepard läuft auf den Fußsohlen. Vier der fünf Zehen berühren dabei den Boden. Die Krallen sorgen für Bodenhaftung, wie Spikes an Laufschuhen. Mit den langen Hinterbeinen und beweglicher Wirbelsäule kann er über 7,5 m lange Sprünge machen.

IN DER URZEIT

So sahen Pferde vor 50 Millionen Jahren aus. *Hyracotherium* ist der Vorfahre des Pferdes. Das Tier war nur 40 cm hoch und lief auf allen fünf Zehen. Hier werden zwei *Hyracotherien* von *Diatryma* gejagt, einem großen Laufvogel.

Letzter Sprung, um die Beute niederzustrecken

IDEEN-ECKE

Gepardenmaske

Mit Faschingsschminke kannst du zum Gepard werden. Umrahme deine Augen schwarz, ziehe dicke Streifen von den inneren Augenwinkeln zu den Mundwinkeln. Lippen und Nasenspitze werden auch schwarz, Stirn und Wangen tragen schwarze Flecken. Und jetzt knurren!

▲ Pferde laufen auf nur einer Zehe – die Hufe sind sozusagen große Fingernägel. Der Teil des Beins nach dem untersten Gelenk besteht aus den Knochen einer einzigen Zehe.

▼ Die Lieblingsspeise der Geparden ist die Thomson-Gazelle, die auf den Spitzen von zwei Zehen läuft. Kleine Hufe schützen sie. Den unteren Teil des Beins bilden lange Fußknochen. Mit langen, dünnen Beinen kann man schnell rennen.

Hopsa!

Mit einem Sprung können Tiere Entfernungen viel schneller zurücklegen, als wenn sie laufen würden. Gute Springer haben lange Beine, mit denen sie sich abstoßen. Die unterschiedlichsten Tiere, von Insekten bis hin zu Säugetieren, haben lange, an das Springen angepasste Beine.

FASZINIERENDE TIERWELT

Flöhe leben am Körper größerer Tiere. Sie müssen springen, um auf „ihr" Tier zu gelangen. Ein Floh kann bis zu 17,8 cm hoch springen, das ist 130-mal so hoch, wie sein Körper lang ist! Beim Sprung wirken auf ihn größere Kräfte ein als auf den Körper eines Astronauten in einer Rakete. Wären wir genauso gute Springer, könnten wir auf den Eiffelturm in Paris hüpfen!

◄ Bei Heuschrecken ist das hinterste der drei Beinpaare ans Springen angepasst. Vor dem Sprung kauert sich das Insekt hin und faltet die Hinterbeine zusammen. Plötzlich streckt es sie und katapultiert sich so in die Luft.

SO FUNKTIONIERT ES

Kängurus haben lange Hinterbeine, die wie Springstäbe funktionieren. Mit dem Schwanz halten sie das Gleichgewicht. Das Springen ist auf diese Weise weniger anstrengend als das Laufen auf vier Beinen. Die Fußgelenke sind versteift, sodass das Tier beim Springen nicht umknickt.

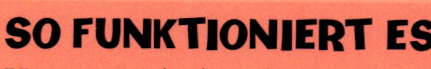

Resilin

▲ Wenn Flöhe ihre Hinterbeine beugen, wird oben auf jedem Bein ein Polster aus Resilin zusammengepresst und Energie gespeichert. Dann lässt der Floh locker. Das Bein wird gegen den Boden gedrückt und der Floh schnellt wie eine Rakete nach oben.

◄ Kängurus können unglaublich weite Sprünge machen – mit einem Sprung bis zu 13,5 Meter weit! Manche erreichen 54 km/h. So fliehen sie vor Fressfeinden wie den Dingos, australischen Wildhunden.

Känguru mit seinem Jungen im Beutel

Kräftige Hinterbeine

◄ Frösche entkommen ihren Fressfeinden mit einem Sprung. Sie stoßen sich mit langen Hinterbeinen schnell ab. Manche Frösche können über 5 Meter weit springen.

? WIE HOCH KÖNNEN MENSCHEN SPRINGEN?

Unsere Beine sind so gebaut, dass wir gute Läufer, aber schlechte Springer sind. Der Rekord beim Hochsprung liegt bei 2,45 m und beim Weitsprung bei 8,95 m.

In den Baumwipfeln

In den Wäldern leben viele Tierarten. Hier gibt es jede Menge
Blätter und Früchte, Baumlöcher,
die Schutz bieten, und Äste zum
Klettern oder Ausruhen. Außerdem kommen große Raubtiere,
die am Boden leben, nicht bis in
die Baumkronen. Baumbewohner
müssen gut klettern können.

FINDEST DU'S?
1. kletterndes Reptil
2. kletternder Vogel
3. einen unserer Vorfahren
4. Affenjunges
5. Krallenaffe

▶ Schimpansen sind
Menschenaffen und
unsere nächsten Ver-
wandten. Ihre Hände
ähneln unseren Händen.
Ihre Füße mit den langen
Zehen sehen eher wie Hände
aus. Sie können mit Händen und
Füßen greifen und deshalb toll
klettern.

◀ Papageien suchen in den Baumkronen
nach Nahrung. Da dort kein Platz zum
Fliegen ist, klettern sie mit ihren Greif-
füßen: Zwei Zehen weisen nach vorn, zwei
nach hinten. Auch den Hakenschnabel
setzen sie ein.

▶ Viele Schlangen können klettern und leben in Baumkronen, wie diese Greifschwanz-Lanzenotter. Dort erbeuten sie Vögel, Echsen und kleine Säugetiere. Mit ihrem Körper umschlingen sie Äste. Schuppen an der Körperunterseite geben ihnen Halt.

ERSTAUNLICH

Schimpansen sehen uns Menschen sehr ähnlich. Das ist kein Wunder, denn wir haben die gleichen Vorfahren. Die schimpansenähnlichen Tiere lebten vor 5 bis 7 Millionen Jahren in den Wäldern des heutigen Afrika.

▶ Krallenaffen wie dieser Lisztaffe leben hoch oben in den Bäumen und kommen fast nie auf den Boden herab. Sie sind so klein, dass sie auf Ästen laufen und von Zweig zu Zweig springen können.

Greifen

Wälder sind das Zuhause von Millionen Tieren. In den tropischen Regenwäldern lebt die Hälfte aller Tier- und Pflanzenarten der Erde. Die Waldtiere sind sehr gut an das Leben in den Baumkronen angepasst.

WARUM SIND FAULTIERE LANGSAM?

Faultiere fressen Blätter mit wenig Nährstoffen. Deshalb entwickeln sie keine großen Muskeln und können sich nicht schnell bewegen.

◄ Gibbons sind Menschenaffen wie Schimpansen und Menschen verbringen aber ihr ganzes Leben in den Baumkronen. Mit langen Armen hangeln sie sich von Ast zu Ast. Ihre Hinterbeine brauchen sie so selten, dass diese im Lauf der Zeit ziemlich schwach geworden sind.

◄ Neuweltaffen sind nahe Verwandte der Menschenaffen. Viele von ihnen leben auf Bäumen. Beim Klettern greifen sie mit Füßen und Händen. Sie haben sogar einen „fünften Arm" – ihren Schwanz. Mit ihm halten sie sich fest und er kann ihr ganzes Gewicht tragen.

▲ Faultiere leben in Südamerika. Mit ihren langen, gekrümmten Krallen hängen sie sich wie mit Haken an Äste. Da sie immer kopfüber hängen, fällt ihr Fell anders als bei anderen Tieren: Der Scheitel ist am Bauch.

▲ Es gibt 135 Chamäleonarten. Fast alle jagen in Bäumen und Sträuchern Insekten und sind gute Kletterer. Die Füße sind wie eine Zange geformt, um Äste zu umfassen. Auch mit dem Schwanz können sie sich festhalten.

IDEEN-ECKE

Faultierbeutel für deinen Schlafanzug

Falte die Längsseiten eines 80 x 50 cm großen Stoffstücks so zusammen, dass sie in der Mitte aneinanderliegen. Bitte einen Erwachsenen, die kurzen Seiten zusammenzunähen. Oben bleibt die Tasche offen. Nähe oben vier 30 cm lange Beine an. Nähe Klettverschlüsse an die Hände und Füße, sodass sie aneinander haften. Das Faultier bekommt ein Gesicht aus Filz.

Gleiten

Für viele Baumbewohner ist es anstrengend, von Baum zu Baum zu gelangen. Sie müssen an einem hinunter- und am anderen wieder hinaufklettern. Manche Tiere gleiten einfach von Baum zu Baum.

Schmuck-
baumnatter

Flugfrosch

◀ Schmuckbaumnattern können den Körper ganz flach machen. Wenn sie sich vom Ast fallen lassen, wirkt der platte Körper wie ein Fallschirm. So landen sie im nächsten Baum.

▲ Flugfrösche haben Schwimmhäute zwischen den Zehen. Wenn sie vom Baum springen, spreizen sie die Schwimmhäute auseinander wie einen Schirm und gleiten langsam durch die Luft.

FASZINIERENDE TIERWELT

Fliegende Fische gleiten über die Wasseroberfläche. Nachts werden sie manchmal von den Lichtern kleiner Schiffe angelockt und landen an Deck. Die Fische schmecken lecker. Wenn die Mannschaft morgens an Deck kommt, ist das Frühstück schon da.

▶ Flugdrachen bewegen sich wie Papierflieger durch die Luft. Sie spannen mithilfe von verlängerten Rippen große Flughäute auf. Damit gleiten sie von Baum zu Baum und verlieren kaum an Höhe.

Riesen-
gleiter

Riesengleiter
vor dem
Absprung

GREIFEN UND FLIEGEN - WAS IST ANDERS?

Tiere, die fliegen, schlagen mit den Flügeln. Gleitende Tiere tun das nicht und können in der Luft nicht aufsteigen. Sie verlieren beim Fallen nur nicht so schnell an Höhe.

▲ Riesengleiter sind Säugetiere, die in Wäldern in Südostasien leben. Zwischen Beinen und Schwanz haben sie Flughäute, die sie zusammenfalten können. Wenn sie von Baum zu Baum gleiten, spannen sie die Häute auf. Sie haben sich so auf den Gleitflug spezialisiert, dass sie nicht mehr gut laufen oder klettern können.

▼ Fliegende Fische gleiten nicht von Baum zu Baum, sondern über Wasseroberflächen, um Fressfeinde zu entkommen. Sie springen aus dem Wasser, spreizen ihre riesigen Flossen und gleiten bis zu 50 Meter weit.

Flug-
drache

Fliegen

Ein Tier, das aktiv fliegt, hebt ab und steigt in der Luft auf, statt nach unten zu gleiten. Vor allem Vögel und Insekten haben diese erstaunliche Fähigkeit entwickelt.

▲ Die meisten fliegenden Insekten, wie diese Wespen, haben zwei Flügelpaare. In der Brust befinden sich kräftige Flugmuskeln, die die Flügel schnell schlagen lassen. Deshalb sind Insekten gute Flieger.

▲ Fliegen ist harte Arbeit. Vögel haben kräftige Flugmuskeln. Ihre Lungen nehmen viel Sauerstoff auf, weil während des Flugs viel verbraucht wird. Da ihre Knochen hohl sind, ist der Körper leicht.

Abhebender Eichelhäher entfaltet die Flügel.

SO FUNKTIONIERT ES

An den Federästen einer Vogelfeder befinden sich Hunderte winziger Bogen- und Hakenstrahlen. Sie verhaken sich wie Reißverschlüsse, sodass die Feder eine glatte Oberfläche bekommt. Ist eine Feder zerfleddert, zieht der Vogel sie durch den Schnabel, damit die Federäste sich wieder verhaken.

Ein Kolibri trinkt Nektar aus einer Blüte.

◀ Einige kleine Vögel, wie dieser Kolibri, können im Flug in der Luft stehen. Dabei müssen sie sehr schnell mit den Flügeln schlagen, bis zu 70-mal pro Sekunde. Das verbraucht viel Energie. Kolibris müssen deshalb in kurzen Abständen Nektar trinken.

Die Flügel schlagen nach oben.

IN DER URZEIT

Vögel waren nicht die ersten Wirbeltiere, die fliegen konnten. Zur Zeit der Dinosaurier lebten auch Flugsaurier auf der Erde – 50 Millionen Jahre, bevor sich die Vögel entwickelten!

▲ Nicht alle Vögel fliegen auf die gleiche Weise. Deshalb können Flügel unterschiedlich geformt sein. Der Eichelhäher fliegt in den Baumkronen umher und hat deshalb breite, kurze Flügel.

Die Flügel schlagen nach unten.

Nachtflug

Tagsüber sind Vögel in der Luft unterwegs, nachts fliegen Fledermäuse. Sie haben dünne, stabile Flughäute, die von Fingerknochen aufgespannt werden. Diese Knochen sind wie die Knochen in deinen Fingern gebaut, aber viel länger.

FINDEST DU'S?
1. das kleinste Säugetier
2. ein Insekt, das nachts fliegt
3. ein Tier, das sich mit Schall zurechtfindet

WIE HÄNGEN FLEDERMÄUSE KOPFÜBER?

Die Fledermaus muss sich beim Festhalten nicht anstrengen, da Fledermausfüße wie winzige Haken funktionieren. Beim Start entfaltet sie nur ihre Flughäute.

◀ Fledermäuse wie diese Hufeisennase finden sich im Dunkeln mit Echoortung zurecht: Sie stoßen Rufe aus und horchen auf das Echo, das zurückkommt. So wissen sie, wie die Umgebung beschaffen ist.

▶ Die meisten Fledermäuse fressen Insekten, die nur in warmen Nächten fliegen. In kalten Gegenden halten Fledermäuse Winterschlaf, weil sie bei Kälte keine Nahrung finden.

▶ Weil sie fliegen und sich mit Echoortung orientieren können, sind Fledermäuse sehr erfolgreich. Es gibt über 1100 Arten. Die Hummelfledermaus ist eines der kleinsten Säugetiere der Erde.

IDEEN-ECKE

Pelzige Falter

Schneide aus Pappe einen Nachtfalter mit dickem Körper und zwei Flügelpaaren aus. Verziere die Hinterflügel mit einem Augenmuster, das Fressfeinde abschreckt. Klebe Kunstpelz auf den Körper (Nachtfalter sind behaart, um warm zu bleiben). Dann braucht der Falter noch große Augen und Antennen aus Pfeifenreinigern.

Weite Strecken ziehen

Die meisten Tiere bleiben in einem Gebiet und suchen nur im Umkreis einiger Meter oder Kilometer Nahrung oder einen Partner. Manche leben aber an zwei verschiedenen Orten. Jedes Jahr ziehen sie Hunderte oder sogar Tausende Kilometer von einem Ort zum anderen.

WORTSCHATZ

ziehen
Eine lange Strecke zwischen zwei Orten zurücklegen. Das geschieht immer zur gleichen Jahreszeit.

polar
Die kalten Gegenden um den Nordpol oder den Südpol.

tropisch
Die Regionen um den Äquator, wo es sehr warm ist.

FASZINIERENDE TIERWELT

Jeden Herbst sammeln sich Monarchfalter, um den Winter in Kiefernwäldern an den Küsten von Mexiko zu verbringen. Unglaublich viele Falter sitzen auf den Zweigen. In einem Hektar Wald versammeln sich bis zu 10 Millionen Schmetterlinge.

◀ Insekten sind so klein, dass man ihnen keine weiten Reisen zutraut. Viele Schmetterlinge legen aber weite Strecken zurück. Monarchfalter (links) leben im Sommer in Nordamerika und verbringen den Winter in Mexiko. Sie ziehen bis zu 3450 Kilometer weit in den Süden.

► Küstenseeschwalben sind kleine Seevögel. Sie legen die weitesten Strecken zurück. Im hohen Norden um den Arktischen Ozean nisten sie und fliegen dann mindestens 16 000 Kilometer weit in die Antarktis, wo sie den Sommer verbringen.

WARUM ZIEHEN TIERE?
Manche, wie die Buckelwale, finden nicht alles, was sie zum Leben brauchen, an einem Ort. Andere, wie Küstenseeschwalben und Monarchfalter, ziehen im Winter in wärmere Gegenden.

► Buckelwale bringen jedes Jahr ihre Jungen in warmen tropischen Meeren zur Welt. Danach schwimmen sie zum Fressen in die polaren Meere der Arktis oder Antarktis. Im Lauf seines Lebens kann ein Wal die Strecke von der Erde zum Mond und zurück zurücklegen.

► Meeresschildkröten wie diese Unechte Karettschildkröte ziehen in den ersten 30 oder 40 Jahren ihres Lebens viele Tausend Kilometer in den Ozeanen umher. Um Eier zu legen, kehren sie zum Strand zurück, wo sie selbst aus dem Ei geschlüpft sind. Das kann 10 000 km entfernt sein.

Weite Strecken ziehen

Alles klar?

▲ Küstenseeschwalben legen die weitesten Strecken zurück: jedes Jahr 16 000 km vom Nordpol zum Südpol und zurück.

▲ Geckos und Fliegen können glatte Wände hochlaufen, sogar bei senkrechten Glasscheiben.

▲ Der Pottwal kann am tiefsten tauchen: über 200 m tief.

► Die Krallen eines Geparts funktionieren wie Spikes an Laufschuhen. Beim Sprinten sorgen sie für Halt.

▲ Die Flughäute von Fledermäusen enthalten die gleichen Knochen wie deine Hand. Die Fingerknochen sind aber viel länger.

▲ Das Fell des Faultiers fällt andersherum als wie bei anderen Tieren, weil es immer an einem Ast hängt. Der Scheitel befindet sich am Bauch.

▲ Große Kängurus können mit einem Sprung 13,4 m zurücklegen.

◄ Haie, Fächerfische und viele andere Tiere im Wasser haben einen stromlinienförmigen Körper. So kommen sie schneller voran.

Nahrung aufnehmen

Die meisten Tiere fressen nur eine bestimmte Nahrung. Ihr Körper und ihr Verhalten sind daran angepasst, diese Nahrung zu finden und aufzunehmen. Fleischfresser etwa haben Zähne, die Fleisch durchtrennen können und Taktiken, um Beute zu erwischen. Der Darm von Pflanzenfressern wie Enten kann zähe Pflanzen verdauen.

Filtrieren

In den Ozeanen leben unzählige Tiere und Pflanzen. In Tiefen, in die noch Sonnenlicht dringt, wächst das Phytoplankton. Diese winzigen Algen ernähren kleine Tiere, das Zooplankton. Größere Tiere ernähren sich von den Planktonlebewesen, indem sie es aus dem Wasser filtern.

▼ Walhaie nehmen mit ihrem riesigen Maul Wasser auf. Durch die Kiemenspalten strömt es wieder heraus. Dabei bleiben in den feinen Kiemenreusen alle Pflanzen und Tiere hängen, die größer sind als ein Stecknadelkopf.

ERSTAUNLICH

Kieselalgen bestehen nur aus einer Zelle. Sie kommen in Meeren und Seen vor. Es gibt Tausende von Arten. Zum Schutz haben sie eine harte Schale. Kieselalgenschalen haben verschiedene Formen und wunderschöne Muster.

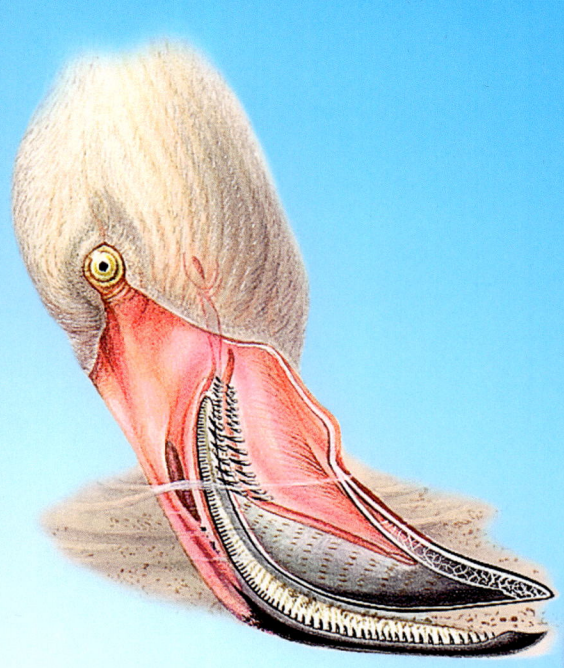

▶ Schwämme sind einfach gebaute vasenförmige Tiere. In ihrem Inneren schlagen Geißeln, um Wasser in den Schwamm zu leiten. Dann nehmen bestimmte Zellen winzige Nahrungsteilchen auf. Ein bechergroßer Schwamm filtert täglich viele Liter Wasser.

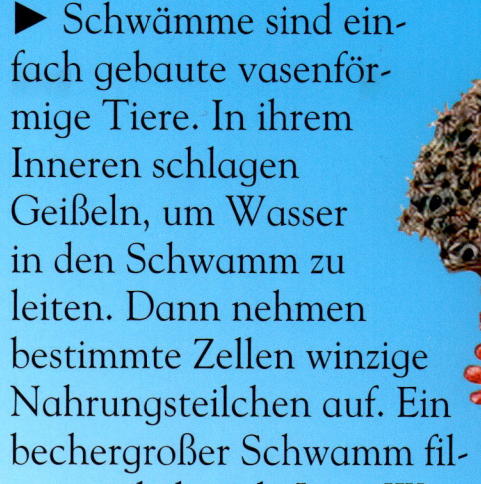

▲ Flamingos stecken den Kopf ins Wasser und filtern Nahrungsteilchen heraus. 3- bis 4-mal pro Sekunde bewegen sie ihre Zunge vor und zurück, um Wasser in den Schnabel zu pumpen. Dort verfangen sich winzige Tiere und Pflanzen in einer Art Sieb. Diese verschluckt der Flamingo dann.

FASZINIERENDE TIERWELT

Zooplankton besteht aus Tieren, die mit den Meeresströmungen treiben. Es gibt Tausende verschiedener Planktontiere. Manche sind so klein, dass du sie nicht sehen kannst, andere größer als dein Daumen. Einige verbringen ihr ganzes Leben als Plankton. Andere sind Larven von Würmern, Krabben, Muscheln oder Fischen. Sie treiben als erwachsene Tiere nicht mehr als Plankton umher.

▶ Entenmuscheln sind mit Krebsen verwandt. Aber sie setzen sich an einem Felsen fest und filtern winzige Lebewesen und tote Pflanzenteile aus dem Meer. Dabei setzen sie ihre gefiederten Beine wie Netze ein.

Riesige Filtrierer

Bartenwale, die größten Tiere der Erde, ernähren sich von winzigen Lebewesen: kleinen Fischen und Garnelen. Statt Zähnen sitzen in ihrem Maul Barten. Ausgefranste Ränder dieser Hornplatten überlappen sich – das Walmaul funktioniert wie ein Riesensieb.

ERSTAUNLICH

Der Blauwal ist das größte Tier der Erde. Er wiegt so viel wie 17 Afrikanische Elefanten. Und er ist so lang wie zwei Busse hintereinander.

WAS SIND BARTEN?

Barten bestehen aus Keratin, dem Stoff, aus dem deine Fingernägel sind. Diese Platten sind geformt wie riesige, steife Federn mit ausgefransten Rändern. Sie hängen vom Oberkiefer herab.

▼ Furchenwale wie dieser Blauwal haben ein riesiges Maul. Furchen in ihrer Kehle können sich dehnen, sodass sie ganze Fisch- oder Garnelenschwärme verschlucken können. Der Wal schließt das Maul um den Schwarm. Dann strömt das Wasser zwischen den Barten heraus und die Nahrung bleibt drin.

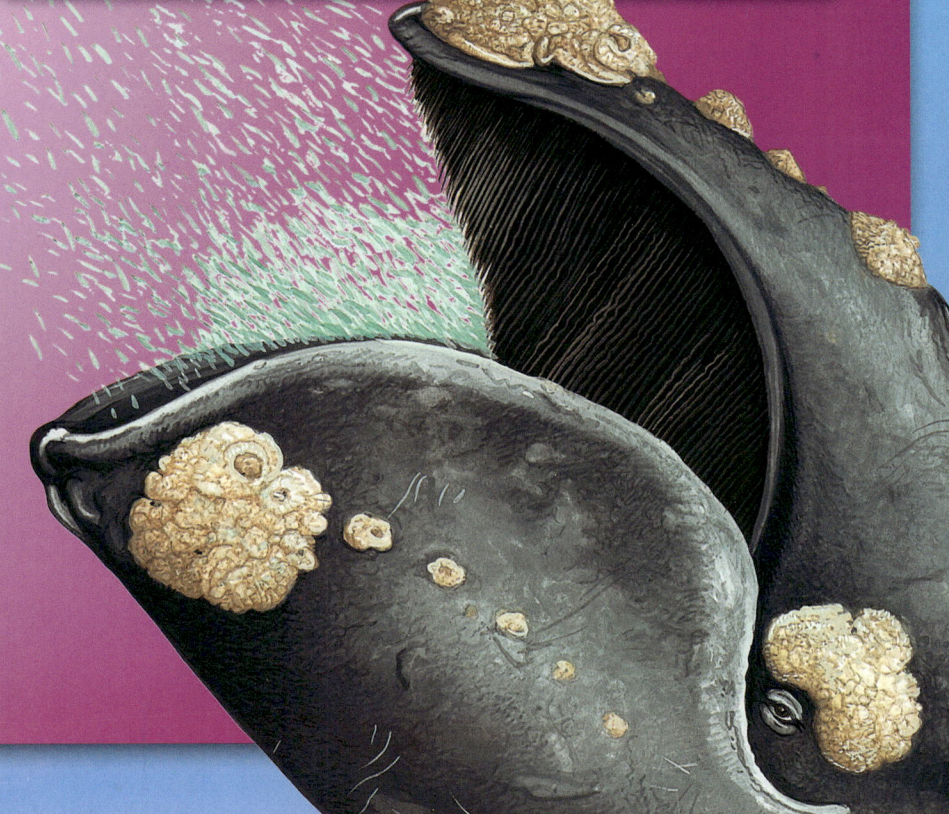

IDEEN-ECKE

Ein Wal, der Luftblasen macht

Klebe den Verschluss einer Plastikflasche fest. Schneide aus einer zweiten Flasche eine Schwanzflosse und zwei Brustflossen aus und klebe sie an die erste. Male die oberen zwei Drittel der Flasche und die Flossenoberseiten mit grauer Acrylfarbe an. Der Rest wird weiß. Male Furchen an der Kehle, das Maul und die Augen auf. Bohre oben am Kopf ein kleines Loch. Taucht dein Wal in der Badewanne, macht er ein Netz aus Luftblasen.

▲ Buckelwale treiben Fischschwärme zusammen, um sie besser verschlucken zu können. Sie kreisen den Schwarm mit einem Netz aus Luftblasen ein, die sie durch die Nasenlöcher ausstoßen.

▶ Nordkaper haben die meisten und die längsten Barten: bis zu 540 Stück, die 3 Meter lang sein können. Nordkaper können deshalb kleinere Lebewesen aus dem Wasser filtern als andere Wale. Sie schwimmen mit geöffnetem Maul nahe der Oberfläche und nehmen Nahrung auf.

Spinnentricks

Auf der Erde gibt es 35 000 Spinnen-
arten. Die meisten Spinnen fressen
Insekten – jedes Jahr viele Millionen
Tonnen! Die größten Spinnen erbeu-
ten kleine Echsen und Frösche. Alle
Spinnen können Seide herstellen.
Mit den Fäden fangen sie auf ver-
schiedene Weise ihre Opfer.

▶ Wasserspinnen
atmen Luft, genau wie
alle anderen Spinnen,
leben aber unter
Wasser. In ein Netz
aus Seide füllen sie
eine Luftblase. Das ist
ihre Taucherglocke.
Beutetiere werden in die
Luftblase gezogen und dort
aufgefressen.

FASZINIERENDE TIERWELT

Spinnenseide ist stabiler als Stahl mit derselben
Dicke. Sie ist sehr leicht: Ein Seidenfaden, der
einmal um die Erde reichen würde, wöge nur
500 g. Spinnen weben aus Seide Netze, wickeln
damit Beute oder ihre Eier ein und
gleiten an Seidenfäden durch die Luft.

IN DER URZEIT

Vor 110 Millionen Jahren,
als es noch Dinosaurier gab,
blieb eine Spinne im klebrigen Harztropfen eines Bau-
mes kleben und starb. Mit
der Zeit wurde das Harz zu
Bernstein und hart wie Glas.
Die Spinne im Bernstein
können wir noch heute
genau erkennen.

▼ Spinnen überwältigen
ihre Beute mit Gift und
Seide. Mit einem Biss
spritzen sie das Gift ein.
Wenn das Tier stirbt,
wird es mit Seide um-
wickelt. Dann beißt die
Spinne noch einmal zu
und saugt ihr Opfer aus.

► Manche Spinnen bauen radförmige Netze aus Seide. Die Spirale besteht aus klebrigen Fäden. Wenn ein Insekt das Netz berührt, ist es gefangen. Es versucht sich freizustrampeln und dabei zittert das Netz. So weiß die Spinne, dass das Essen serviert ist.

▲ Eine Bolaspinne macht einen Seidenfaden mit einem klebrigen Tropfen am Ende. Den Faden schwingt sie wie ein Lasso und ihr Opfer bleibt am Tropfen kleben. Dann zieht sie den Faden mit der Mahlzeit ein.

WOHER KOMMT DIE SPINNENSEIDE?

Die Seide bildet sich im Körper der Spinne. Aus Spinndrüsen am Körperende presst die Spinne sie als Fäden heraus.

◄ Falltürspinnen spannen vor ihrem Bau Stolperdrähte. Läuft ein Insekt vorbei, spürt die Spinne die Erschütterung. Dann eilt sie aus dem Bau und packt die Beute.

Blattfresser

Hoch oben in Bäumen oder Büschen sind Tiere gut geschützt. Und das Essen wächst direkt vor der Nase: Blätter! Die sind aber schwer zu verdauen und oft nicht sehr nährstoffreich. Außerdem sind sie häufig giftig, denn viele Pflanzen schützen sich so vor Pflanzenfressern.

▲ Große Pandas sind Bären, fressen aber kein Fleisch. Pandas fressen nur Bambus. Sie müssen riesige Mengen vertilgen, um zu überleben: täglich bis zu 38 Kilogramm. 14 Stunden täglich verbringen sie mit der Nahrungsaufnahme.

▶ Affen, die Blätter fressen, haben einen großen Magen, in den viel hineinpasst. So kann z. B. dieser Nasenaffe genug Nährstoffe aufnehmen.

Schmetterlings-
raupe

◄ Die Blätter des Jakobs-Greiskrauts enthalten Gifte, die die meisten Schmetterlingsraupen töten würden. Die Raupen des Jakobskrautbären aber fressen die Blätter und speichern das Gift in ihrem Körper. Raupen und erwachsene Falter zeigen dann auffällige Warnfarben. Für Fressfeinde bedeutet das: Rühr mich nicht an, ich bin giftig!

Falter

WORTSCHATZ

Verdauung
Die Nahrung wird im Magen und Darm in Nährstoffe umgewandelt, die der Körper aufnehmen kann.

Nährstoffe
Diese Stoffe werden bei der Verdauung aufgenommen. Sie liefern dem Tier Energie zum Leben und Wachsen.

FINDEST DU'S?

1. zwei Tiere mit großem Magen

2. ein Insekt, das giftige Blätter frisst

3. ein Tier, das die meiste Zeit schläft

▲ Koalas fressen Eukalyptusblätter, die giftige Öle enthalten. Wie Affen, die Blätter fressen, haben auch Koalas einen großen Magen. Sie schlafen aber sehr viel und brauchen deshalb nicht so viel Nahrung.

Weidetiere

Gras und Blätter sind leicht zu finden, aber schwer zu verdauen. Pflanzenfresser haben verschiedene Weisen entwickelt, um möglichst viele Nährstoffe aus den Pflanzen aufzunehmen.

◄ Ein Zebra kann seine Kiefer nicht nur auf und ab, sondern auch seitlich bewegen. Die Backenzähne haben Rillen, die eng ineinandergreifen. Gras und Blätter werden zu feinem Brei zerrieben.

SO FUNKTIONIERT ES

Hirsche sind Wiederkäuer: Sie würgen die Nahrung wieder hoch und kauen sie noch einmal. So können Mikroorganismen im Darm den Pflanzenbrei besser verarbeiten.

WIE VIELE MÄGEN HAT EINE KUH?

Eine Kuh hat vier Mägen. Kühe sind Wiederkäuer, genau wie Hirsche. Sie würgen die Nahrung wieder hoch und kauen ein zweites Mal. So können sie aus den Pflanzen besonders viele Nährstoffe aufnehmen.

► Ein Zebra hat bei der Verdauung Unterstützung: Millionen winziger Mikroorganismen leben in seinem Darm. Sie bereiten die Nährstoffe so vor, dass das Zebra sie gut aufnehmen kann.

▼ Kaninchen fressen einen Teil ihrer Nahrung zweimal. Erst knabbern sie Gras und Blätter ab. Im Bau fressen sie dann einen besonderen Kot aus ihrem Blinddarm. Er enthält Stoffe, die sie brauchen, um gesund zu bleiben.

▲ Bei Wiederkäuern wie Hirschen dauert es über drei Tage, bis die Nahrung verdaut ist. Sie können aber fast doppelt so viele Nährstoffe aufnehmen wie andere Pflanzenfresser und müssen daher weniger fressen.

IN DER URZEIT

Heute leben mehr als 200 verschiedene Pflanzenfresser auf der Erde, z. B. Hirsche und Zebras. Früher gab es aber noch viel mehr merkwürdig aussehende Pflanzenfresser. *Brontops* war ein riesiges Tier mit einem Y-förmigen Horn auf der Nase. Es war über 2,5 m hoch und lebte vor etwa 40 Millionen Jahren.

Früchte und Nüsse

Viele Pflanzen bilden Früchte, von denen sich Tiere ernähren. So gelangen Samen in Magen und Darm des Tiers, werden wieder ausgeschieden und können keimen. Pflanzen müssen viele Früchte bilden, damit aus einigen Samen neue Pflanzen werden.

▲ Agutis knabbern mit ihren kräftigen Nagezähnen die harten Kapseln von Paranussbäumen auf. Die meisten Samen darin fressen sie, aber einige bleiben übrig und wachsen zu neuen Bäumen heran. Ohne Agutis würden die Samen in der Kapsel eingeschlossen bleiben und könnten nicht keimen.

▲ Eichhörnchen vergraben Eicheln und Nüsse als Vorrat für den kalten Winter. Sie finden aber nicht alle wieder. Einige bleiben im Boden und keimen im Frühjahr.

FASZINIERENDE TIERWELT

Misteldrosseln vertreiben durch lautes Singen andere Vögel von Bäumen, an denen reife Beeren hängen. Auch im Winter und bei stürmischem Wetter kann man sie hören. In England nennen die Menschen auf dem Land sie deshalb „Sturmhähne".

WIE SCHMECKEN DURIANFRÜCHTE?

Diese Früchte schmecken sehr lecker, wie Vanillesoße und Mandeln. In einigen Ländern, in denen sie wachsen, sind sie aber in Bussen und Bahnen verboten – sie riechen fürchterlich.

▲ Wenn Misteldrosseln Beeren von Misteln fressen, bleiben oft einige der klebrigen Samen an ihrem Schnabel haften. Den Schnabel streifen die Vögel dann an der Baumrinde ab – und pflanzen eine neue Mistel!

ERSTAUNLICH

Der Schnabel des Kreuzschnabels hat überkreuzte Spitzen. Damit drückt der Vogel die Schuppen von Kiefernzapfen auseinander. Dann pickt er die Samen heraus. Meist bleiben einige Samen übrig und können keimen.

◄ Durianfrüchte sind die Lieblingsspeise der Orang-Utans. Sie fressen die ganze Frucht. Die Samen werden aber nicht verdaut, sondern verbreiten sich mit dem Kot der Affen im Regenwald.

Nektar und Pollen

Pflanzen lassen sich von Tieren bei der Partnersuche helfen. Der Nektar in den Blüten lockt das Tier an. Wenn es trinkt, wird es mit Pollenstaub beladen. Transportiert das Tier Pollen zur nächsten Blüte, wird diese bestäubt, sodass sich Samen bilden können.

▶ Mit ihrer spitzen Schnauze gelangt die Nasenfledermaus in die trompetenförmigen Blüten des Saguaro-Kaktus. Beim Trinken des Nektars bleibt Pollen an ihrem Kopf haften.

▲ Die Blüten dieses Aronstabs riechen wie verwesendes Fleisch und locken Fliegen an. Wenn die Fliegen in die Blüte krabbeln, sind sie gefangen. Sie suchen nach einem Ausweg und bestäuben dabei die Blüte.

ERSTAUNLICH

Bienen liefern nicht nur Honig. Viele unserer Nutzpflanzen und viele Futterpflanzen für unsere Tiere müssen von Bienen bestäubt werden. Ohne Bestäubung würden sich keine Äpfel, Pfirsiche, Tomaten, Melonen und Mandeln bilden. Bienen sind deshalb wichtig für uns.

▶ Die Blüten der Bananen-Granadilla wollen ihren Nektar nicht an Tiere verschwenden, die falschen Pollen bringen. Deshalb gelangt nur eine Vogelart zum Nektar …

WORTSCHATZ

Nektar
Süße Flüssigkeit, die Blüten bilden.

Pollen
Feiner Blütenstaub männlicher Blütenteile zur Bestäubung weiblicher.

Bestäubung
Transport von Pollen von männlichen Teilen einer Blüte zu weiblichen einer anderen.

▲ … und dieser Vogel ist der Schwertschnabelkolibri. Sein Schnabel ist länger als der Körper. Er trinkt nur aus tiefen Blütenkelchen wie denen der Bananen-Granadilla. So muss er den Nektar nicht mit anderen Vogelarten teilen.

▶ Bienen besuchen verschiedene Blüten, um Nektar und Pollen zu sammeln. Deshalb blüht jede Pflanzenart zu einer bestimmten Jahreszeit. So ist es wahrscheinlicher, dass Bienen den Pollen von Blüten der gleichen Pflanzenart herbeibringen.

N e k t a r u n d P o l l e n

Waffen

Räuber erbeuten andere Tiere, von denen sie sich ernähren. Dafür brauchen sie Werkzeuge: Krallen, scharf wie Dolche, messerscharfe Zähne und starke Kiefermuskeln, um kräftig zubeißen zu können.

WORTSCHATZ

Fangzähne
Lange, spitze Zähne vorn im Maul von Raubtieren.

Schneidezähne
Flache Zähne zum Zubeißen und Durchtrennen.

Backenzähne
Zähne weit hinten im Maul, mit denen viele Säugetiere Nahrung zermalmen.

▲ Schleiereulen haben scharfe, nadelspitze Krallen. Wenn die Eule mit ihren Fängen eine Maus packt, wird diese sofort erdolcht und im Ganzen verschluckt.

▼ Schwertwale oder Orcas nennt man auch „Wölfe der Meere", denn sie jagen in Rudeln. Ihre Zähne sind spitze, nach hinten weisende Kegel. Damit können sie glitschige Beute wie nasse Robben gut packen.

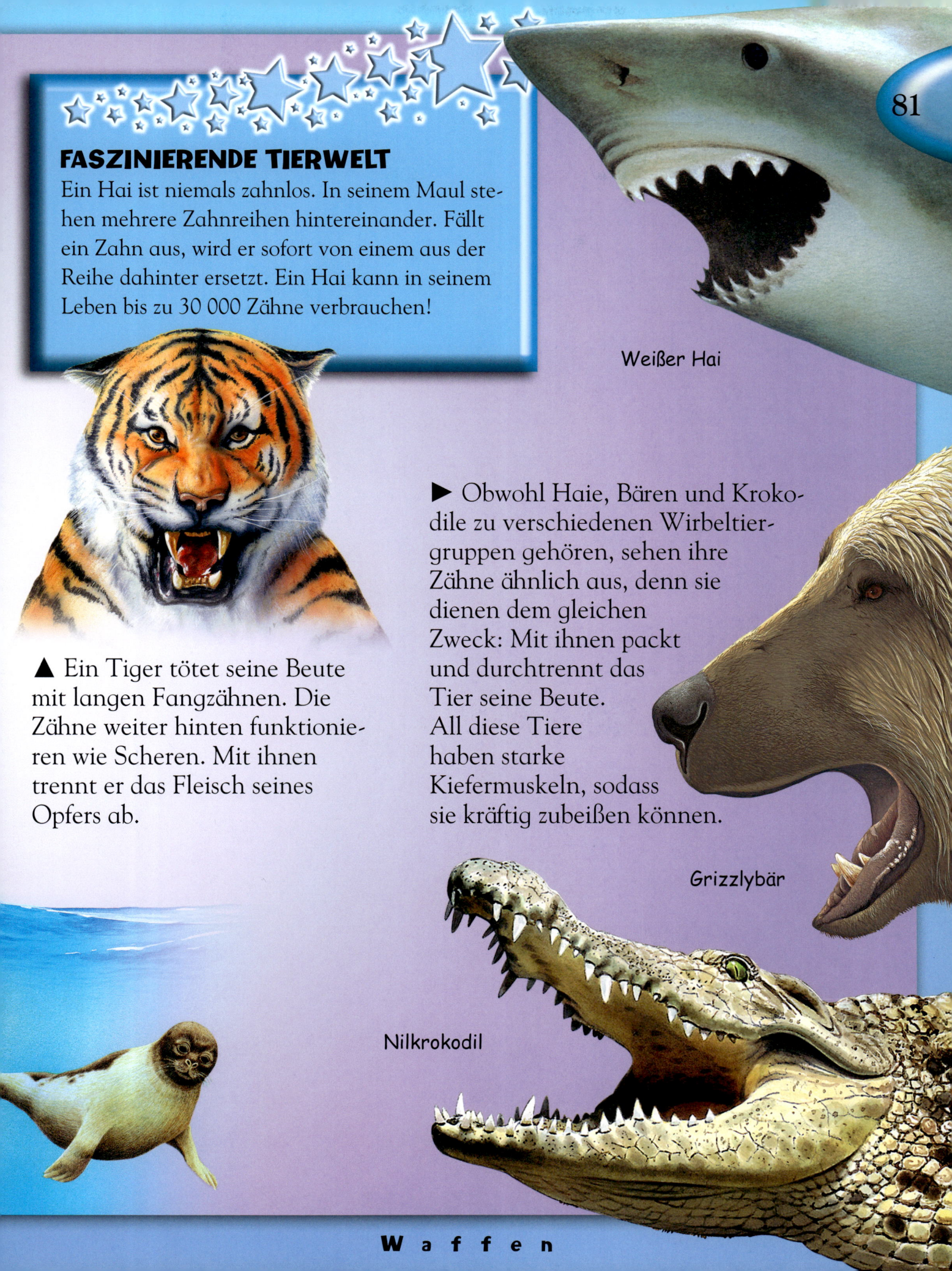

FASZINIERENDE TIERWELT

Ein Hai ist niemals zahnlos. In seinem Maul stehen mehrere Zahnreihen hintereinander. Fällt ein Zahn aus, wird er sofort von einem aus der Reihe dahinter ersetzt. Ein Hai kann in seinem Leben bis zu 30 000 Zähne verbrauchen!

Weißer Hai

▲ Ein Tiger tötet seine Beute mit langen Fangzähnen. Die Zähne weiter hinten funktionieren wie Scheren. Mit ihnen trennt er das Fleisch seines Opfers ab.

▶ Obwohl Haie, Bären und Krokodile zu verschiedenen Wirbeltiergruppen gehören, sehen ihre Zähne ähnlich aus, denn sie dienen dem gleichen Zweck: Mit ihnen packt und durchtrennt das Tier seine Beute. All diese Tiere haben starke Kiefermuskeln, sodass sie kräftig zubeißen können.

Grizzlybär

Nilkrokodil

W a f f e n

Schutz

Beutetiere entkommen Fressfeinden auf verschiedene Weise. Viele tarnen sich und sind in der Umgebung kaum zu erkennen. Andere haben Stacheln oder Panzer – nur mit Mühe können Räuber sie fressen.

▲ Diese Buckelzikade wäre für einen Vogel ein saftiger Happen, aber sie sieht genauso aus wie die Dornen der Pflanze, auf der sie sitzt. Wenn sie sich nicht bewegt, entdeckt der Vogel sie nicht.

▼ Blattschwanzgeckos jagen nachts Insekten. Tagsüber sitzen sie auf Baumstämmen und halten ganz still. Mit ihrem flachen Körper und der knubbeligen Haut sind sie getarnt, denn sie sehen aus wie mit Flechten bewachsene Baumrinde.

WIE BRINGEN IGEL IHRE JUNGEN ZUR WELT?

Es wäre sehr schwierig für die Igelmutter, kleine stachlige Kugeln zur Welt zu bringen. Deshalb haben junge Igel bei der Geburt noch weiche Stacheln, die nicht pieksen.

▶ Ein Fischschwarm hat viele Augen, die nach Gefahr Ausschau halten. Die Fische bewegen sich gleichzeitig: Fressfeinde sind verwirrt und können einzelne Fische schwer jagen. Auch Vögel sind in Schwärmen besser geschützt, genau wie viele Huftiere in Herden, z. B. Zebras.

▲ Igel sind Säugetiere und für Füchse, Wölfe oder Dachse eine leckere Mahlzeit. Werden sie bedroht, ziehen kräftige Muskeln den Körper zusammen. Beine und Kopf sind dann im Inneren der stachligen Kugel gut geschützt.

IDEEN-ECKE

Geckos auf Baumrinde

Nimm zwei Bögen dickes Papier und weiche grüne oder braune Wachsmalkreide. Mache mit einem Bogen ein Rubbelbild von Baumrinde. Schneide Geckos aus dem anderen Bogen aus und male ihnen eine rindenähnliche Haut. Rolle das Rubbelbild zu einem Baumstamm zusammen und klebe die Geckos darauf.

Anschleichen und auflauern

Es hört sich nicht sehr aufregend an, still zu sitzen und Beute aufzulauern. Bei vielen Räubern funktioniert das aber sehr gut. Viele von ihnen halten stundenlang still. Dann schlagen sie zu und packen ihr Opfer.

▶ Krabbenspinnen haben dieselbe Farbe wie die Blüten, auf denen sie leben. Fast unsichtbar, warten sie so auf ihr Opfer. Wenn ein Insekt die Blüte besucht, um Nektar zu trinken, packt die Spinne mit ihren langen vorderen Beinen zu.

WORTSCHATZ

Die Arktis
Das Gebiet im hohen Norden der Erde. Im Winter ist es hier sehr kalt und immer dunkel.

Die Antarktis
Das Gebiet ganz im Süden der Erdkugel, das sehr kalt und vollständig mit Eis bedeckt ist. Wenn in der Arktis Sommer ist, herrscht hier Winter.

◀ Reiher haben lange Beine und spitze Schnäbel. Auf der Jagd nach Amphibien oder Fischen stehen sie stundenlang still oder waten ganz langsam durchs Wasser. Dann erdolchen sie die Beute mit einem blitzschnellen Schnabelhieb wie mit einem Speer.

▲ Löwen jagen oft in Rudeln zusammen. Dabei nähern sich einige Rudelmitglieder einer Herde Beutetiere, sodass diese losläuft. Dann treiben sie die Herde auf die anderen Löwen zu, die im Gras gelauert haben.

ERSTAUNLICH

In der Arktis, wo die Eisbären leben, kann es dreimal so kalt werden wie in einem Kühlschrank. Eisbären frieren auf der Robbenjagd aber nicht. Ihr Fell ist dick und jedes Haar hohl. So speichert das Fell die Wärme ähnlich wie eine Daunendecke. Die Haut des Eisbären ist schwarz. Sie erwärmt sich wie ein dunkles T-Shirt an einem sonnigen Tag. Unter der Haut haben die Bären eine 10 cm dicke Speckschicht.

▲ Eisbären jagen in der Arktis. Sie schleichen sich auf dem Eis an schlafende Robben heran. Manchmal lauern sie auch stundenlang an einem Atemloch und packen die Robbe, sobald sie auftaucht, um Luft zu holen.

Verfolgung

Viele Räuber jagen ihre Opfer. Die Beutetiere versuchen natürlich zu fliehen und nur die schnellsten und ausdauerndsten Räuber erwischen eine Mahlzeit.

WIE SCHNELL KÖNNEN FALKEN FLIEGEN?

Falken wie der Baumfalke sind die schnellsten Flieger. Wanderfalken können 270 km/h erreichen und sind die schnellsten Tiere der Erde.

Baumfalke

Fliege

Libelle

◄ Der Baumfalke ist ein kleiner Greifvogel, der so schnell wenden und herabstoßen kann, dass er Libellen im Flug erwischt. Auch Libellen sind tolle Flieger. Sie erbeuten Fliegen und andere Insekten in der Luft.

FINDEST DU'S?

1. ein sehr schnelles Insekt
2. eine schnelle Katze
3. einen Hund mit großer Ausdauer
4. einen Greifvogel

► Afrikanische Wildhunde können 60 km/h schnell rennen. Sehr erfolgreiche Jäger sind sie aber, weil sie in langsamerem Tempo stundenlang laufen können. Das Rudel verfolgt so die Beute, bis diese erschöpft ist und nicht mehr fliehen kann.

IN DER URZEIT

Meganeura war eine riesige Libelle, die vor 300 Millionen Jahren lebte. Sie hatte eine Flügelspannweite von 75 cm und hätte Frösche erbeuten können!

▲ Geparde schleichen sich unbemerkt an ihre Opfer heran und jagen sie dann mit hoher Geschwindigkeit. Sie halten das aber nur 500 Meter durch, weshalb die meisten Gazellen entkommen können.

Vampire

Vampire gibt es wirklich! Sie sehen aber nicht aus wie Menschen und die größten sind nur so klein wie eine Maus. Blut ist eine nährstoffreiche Nahrung. Viele Tiere ernähren sich deshalb vom Blut anderer Tiere.

Vor der Mahlzeit

Nach der Mahlzeit

ERSTAUNLICH

Mücken sind zwar klein, in vielen Teilen der Erde kann ihr Stich aber gefährlich sein. Winzige Lebewesen leben im Speichel von Mücken. Wenn die Mücke sticht, gelangen diese in den Blutkreislauf des Menschen. Hier können sie Krankheiten hervorrufen, wie Malaria und Denguefieber, an denen jedes Jahr Millionen Menschen sterben.

▲ Zecken sind Spinnentiere und können mit ihren Mundwerkzeugen Haut durchstechen und Blut saugen. Die Zecken warten im Gras oder auf einem Busch. Wenn ein Tier vorbeiläuft, krabbeln sie auf seinen Körper und saugen Blut. Dabei schwellen sie dick an.

▶ Vampirfledermäuse trinken das Blut viel größerer Tiere, darunter Kühe und Pferde. Sie landen nachts, wenn die Tiere schlafen. Das Opfer spürt den Biss nicht und die Fledermaus leckt das Blut auf.

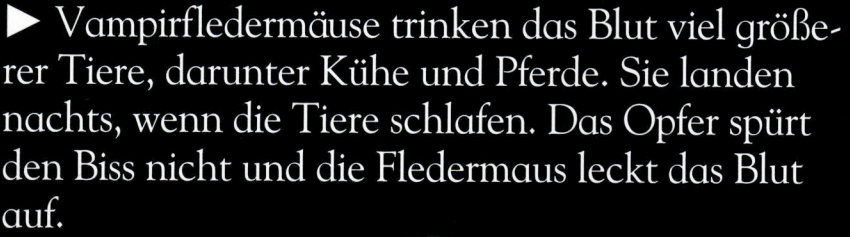

◀ Neun-
augen ähneln
den ersten
Fischen, die auf der
Erde lebten. Sie
haben keine Kiefer wie
andere Fische, sondern ein
Maul mit kleinen Zähnen, das
einem Saugnapf ähnelt. Sie saugen
sich auf der Haut ihres Opfers fest
und raspeln Haut ab, bis Blut fließt.

SO FUNKTIONIERT ES

Wenn du dich in den Finger
schneidest, gerinnt dein Blut. Es
bildet eine Kruste, damit du
nicht zu viel Blut verlierst. Das
Gleiche passiert bei allen Tieren.
Blutsauger wie Vampir-
fledermäuse und Neun-
augen (rechts) haben
Stoffe im Speichel, die
verhindern, dass das
Blut gerinnt. Deshalb
können sie längere Zeit
trinken.

?

WO LEBEN VAMPIR-FLEDERMÄUSE?

Alle drei Vampirfledermaus-
Arten leben in Süd- und
Zentralamerika. Hier gibt es
tropische Wälder und es
ist das ganze Jahr
über warm.

▶ Nur Mücken-
weibchen stechen
mit ihren nadel-
spitzen Mundwerk-
zeugen in die Haut
und saugen Blut.

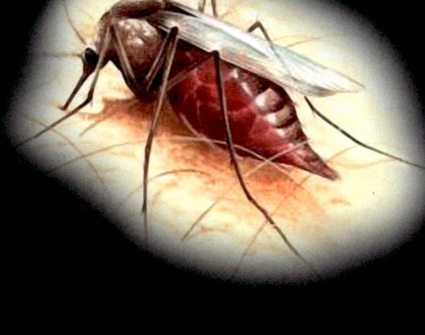

◀ Bettwanzen sind
Insekten. Sie verstecken
sich unter der Mat-
ratze und kommen
nachts hervor, um
schlafende Menschen
zu stechen. Die
Wanzen stechen ihren
Saugrüssel in die Haut
und saugen Blut.

Parasiten

Jedes Tier lebt in einem Lebensraum, z. B. einem Wald. Parasiten sind kleine Tiere, deren Lebensraum der Körper eines größeren Tiers, des Wirts. Der Körper des Wirts dient dem Parasiten als Nahrung. Parasiten können Wirte krank machen.

▲ Fast auf jeder Vogel- und Säugetierart lebt eine bestimmte Läuseart. Die kleinen Insekten fressen abgestorbene Haut, Haare, Federn und Blut. Auf uns Menschen leben drei Läusearten.

FINDEST DU'S?

1. ein Insekt, das hoch springen kann
2. eine Verwandte der Spinnen
3. Fisch mit besonderem Job

▲ Milben sind kleine Verwandte der Spinnen. Einige Arten sind Parasiten und leben auf oder sogar in der Haut von Menschen und Tieren. Bei Krätze, einer Hautkrankheit bei Menschen und Tieren, fressen winzige Milben in der Haut.

◀ Haben Fische im Meer Parasiten, besuchen sie den Putzerfisch. Dieser kleine Fisch schwimmt direkt in das Maul und die Kiemen und frisst hier die Parasiten.

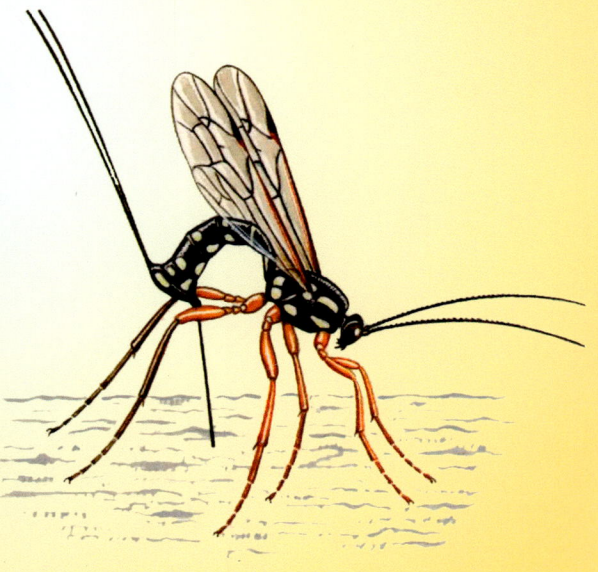

▲ Bandwürmer
sind flach und
leben im Darm anderer
Tiere. Mit Haken am Kopf
heften sie sich an die Darm-
wand. Mit ihrem abgeflachten
Körper können sie Nährstoffe
aus dem Darm ihres Wirts
aufnehmen.

▲ Schlupfwespen haben eine
lange Legeröhre. Wie mit einer
Nadel stechen sie damit in den
Körper von Schmetterlingsraupen und legen ihre Eier
hinein. Wenn eine Larve
schlüpft, frisst sie die Raupe von
innen her auf.

WOHER WISSEN FLÖHE, DASS EINE KATZE DA IST?

Sie spüren die Wärme der Katze
und ihren Atem. Kommt etwas
Atmendes, Warmes vorbei, springt
der Floh hoch. Auch Menschen
werden von Katzenflöhen
gebissen.

▲▼ Flöhe legen Eier in Teppichen
oder Decken ab. Wenn die jungen
Flöhe fühlen, dass z.B. ein Hund in
der Nähe ist, springen sie hoch. Sie
springen, bis sie auf das Tier gelangen und sein Blut trinken können.

FASZINIERENDE TIERWELT

Über 430 verschiedene Parasiten können am
oder im Körper von Menschen leben. Viele
von ihnen sind nicht nur lästig, sie können
auch gefährliche Krankheitserreger übertra-
gen oder den Wirt schwächen.

Aasfresser

Aasfresser töten keine Tiere, sondern fressen solche, die an einer Krankheit, einem Unfall oder weil sie alt waren gestorben sind. Auch die Reste der Beute anderer Tiere dienen ihnen als Nahrung.

WIE FINDEN GEIER TOTE TIERE?

Afrikanische Geier kreisen hoch oben in der Luft und haben sehr gute Augen. Sie können ein totes Tier aus großer Entfernung erspähen. Südamerikanische Geier spüren es durch ihren Geruchssinn auf.

▶ Geier haben massive Schnäbel, um Fleischbissen zu reißen. An Kopf und Hals befinden sich keine Federn, denn die würden beim Fressen im toten Körper verkleben. Ein Trupp Geier kann ein großes Tier in einer Stunde bis auf die Knochen fressen.

▶ Auf dem Land jagen Füchse kleine Vögel und Säugetiere. In Städten fressen sie Abfälle, die sie in Mülltonnen finden. Ratten fressen fast alles, sogar Seife! Überall, wo Menschen sind, finden auch Ratten Futter.

▲ Totengräber sind sehr wichtige Käfer. Sie vergraben tote Tiere, z. B. Mäuse (oben) oder Vögel, in der Erde. Der Körper ist die Nahrung der Käfer und ihrer Larven.

ERSTAUNLICH

Der Bartgeier frisst Knochen! Erst schleppt er sie hoch in die Luft. Dann lässt er sie auf Felsen fallen, sodass sie in kleine Stücke zerbrechen, die er schlucken kann. Das Knochenmark schmeckt ihm besonders gut.

▼ Tüpfelhyänen jagen selbst, aber sie fressen auch das, was größere Raubtiere übrig lassen. Sie haben sehr kräftige Kiefer und Zähne, mit denen sie Knochen knacken, um an das Knochenmark zu gelangen.

Wiederverwerter

Tiere werden mit dem Kot Abfälle los, die ihr Körper nicht verdauen kann. Eine einzige Kuh kann jeden Tag über zehn Kuhfladen fallen lassen. Stell dir mal vor, wie viel Mist alle Tiere der Erde hinterlassen. Was passiert damit? Er wird von anderen Tieren gefressen – den Wiederverwertern der Natur.

WORTSCHATZ

Nahrungskette
Tiere und Pflanzen bilden Nahrungsketten: Ein Gnu z. B. frisst Gras und ist selbst die Nahrung von Löwen.

Nährstoffe
Stoffe im Boden und in der Nahrung, die Pflanzen und Tiere brauchen, um leben und wachsen zu können.

? WIE SCHNELL WIRD DER MIST GEFRESSEN?
Der Kothaufen eines Afrikanischen Elefanten wiegt bis zu 18 kg. Er kann in weniger als zwei Stunden verschwinden – Mistkäfer fressen und vergraben ihn!

▲ Dungfliegen legen wie viele andere Insekten ihre Eier auf frischem Kot ab. Wenn die Larven schlüpfen, müssen sie nicht hungern.

◄ Wenn es keine Mistkäfer gäbe, würden wir in Mist versinken! Die Käfer fressen und vergraben ihn oder rollen ihn zu Kugeln, die sie als Futtervorrat für ihre Larven vergraben. Zum Glück gibt es auf der ganzen Erde Tausende verschiedener Mistkäfer.

▲ Regenwürmer ziehen tote Pflanzenteile in ihre Baue und fressen sie. An der Erdoberfläche geben sie Kothäufchen ab. So wandeln sie tote Pflanzen in fruchtbaren Boden um.

IDEEN-ECKE

Sonnenbild aus Blättern

Sammle Blätter in verschiedenen Formen und Größen. Male einen Kreis auf Papier und lege das erste Blatt in die Mitte. Gib gelbe oder orange Wasserfarbe auf einen Schwamm und reibe ihn über das Blatt. Nimmst du es danach weg, ist der Blattumriss zu sehen. Verwende für die Sonnenstrahlen andere Blätter und Farben.

ERSTAUNLICH

Auf einem halben Hektar Land leben bis zu 500 000 Regenwürmer. Ihre Kothäufchen sind neuer, nährstoffreicher Boden – bis zu 50 Tonnen jedes Jahr. Weil sie Gänge graben, bleibt der Boden gesund. Wasser kann besser abfließen und Luft hineingelangen.

▶ Würmer und Co. sorgen dafür, dass Nährstoffe in Kot und toten Pflanzenteilen nicht verloren gehen. Stoffe geraten durch sie zurück in den Boden, werden von Pflanzen aufgenommen. Andere gelangen zurück in die Nahrungskette. Würmer fressen tote Pflanzenteile und sind Maulwurfnahrung.

Alles klar?

▲ Walhaie sind die größten Fische. Sie fressen Plankton, das sie aus dem Meerwasser filtern.

▲ Agutis sind die einzigen Tiere, die mit ihren Nagezähnen harte Paranuss-Kapseln knacken können.

▲ Große Pandas fressen nur Bambus. Sie brauchen täglich etwa 38 kg davon.

▲ Räuber wie Tiger erbeuten und fressen andere Tiere. Ein Tiger hat scharfe Zähne und Krallen, mit denen er die Beute tötet und zerreißt.

▲ Bei Hirschen unterstützen Mikroorganismen im Magen die Verdauung von Gras und anderen Pflanzen.

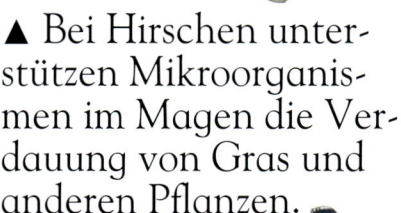

▶ Wanderfalken fangen ihre Beute im Sturzflug. Sie können 270 km/h schnell sein.

▼ Viele kleine Tiere, z. B. Mistkäfer, fressen Kot. Das ist sehr gut, denn sonst würden wir in Mist versinken!

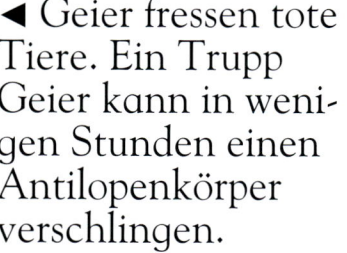

◀ Geier fressen tote Tiere. Ein Trupp Geier kann in wenigen Stunden einen Antilopenkörper verschlingen.

▼ Der größte lebende Vampir ist so klein wie eine Maus – es ist die Vampirfledermaus!

Die Welt wahrnehmen

Ohne Sinnesorgane könnte kein Tier überleben. Mit seinen Sinnen nimmt es in seiner Umwelt lebenswichtige Informationen wahr. Aber nicht alle Tiere haben die gleichen Sinnesorgane. Einige können besser hören als sehen und manche nutzen vor allem ihren Tastsinn oder den Geruchssinn. Viele Tiere verfügen auch über Sinne, die wir Menschen nicht haben.

Augen auf!

Am Tag scheint das Licht der Sonne auf die Erde. Mit unseren Augen können wir im Licht Form, Größe, Farbe, Struktur und Bewegungen sehen. Viele Tiere sind auf ihre guten Augen angewiesen, um zu überleben.

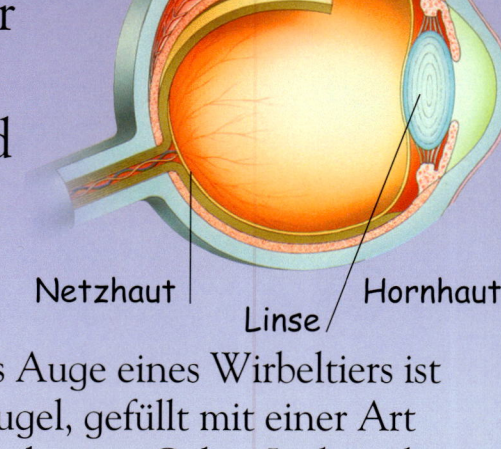

Netzhaut — Linse — Hornhaut

▼ Bei vielen Räubern wie z. B. dem Tiger weisen die Augen nach vorn. So kann das Tier genau erkennen, wie weit die Beute entfernt ist und ob es bereits nah genug herangekommen ist, um erfolgreich zupacken zu können.

▲ Das Auge eines Wirbeltiers ist eine Kugel, gefüllt mit einer Art durchsichtigem Gelee. Licht gelangt durch Hornhaut und Linse ins Auge. Wenn es auf die Netzhaut hinten im Augapfel trifft, senden Millionen winziger Nervenzellen Signale zum Gehirn. Das Tier erkennt ein Bild.

SO FUNKTIONIERT ES

Die Linse im Auge funktioniert wie die Gläser einer Brille. Sie bündelt das Licht, sodass ein scharfes Bild entsteht. Aber anders als bei Brillengläsern ist die Linse im Auge weich, Muskeln können ihre Form verändern. Wenn du Dinge anschaust, die weit weg sind, dehnen Muskeln die Linse, sodass sie flacher wird. Schaust du etwas an, das sehr nah ist, wird die Linse dicker.

Facettenauge aus Einzelaugen

HABEN ALLE TIERE AUGEN?

Viele einfach gebaute Tiere wie Würmer haben keine Augen. Bei einigen Fischen und anderen Tieren, die in dunklen Höhlen leben, haben sich die Augen im Lauf von Jahrmillionen zurückgebildet, weil sie nicht gebraucht werden.

▲ Die Facettenaugen von Insekten bestehen aus Tausenden winziger Einzelaugen. Insekten sehen deshalb sozusagen ein Mosaik aus vielen Bildern. Solche Augen nehmen Bewegungen besonders gut wahr.

▶ Wie bei diesem Hirsch sitzen bei vielen Beutetieren die Augen seitlich am Kopf. So kann das Tier zur Seite und sogar nach hinten blicken und erkennt, wenn sich ein Fressfeind nähert.

FASZINIERENDE TIERWELT

Manche Säugetiere, wie Hunde, Katzen oder Kaninchen, werden mit geschlossenen Augen geboren. Auf diese Weise laufen sie nicht herum und sind vor Feinden geschützt. Tiere wie Rehkitze, die schon kurz nach der Geburt vor Fressfeinden fliehen müssen, kommen mit offenen Augen zur Welt.

Tag und Nacht

Bei hellem Licht können wir Farben und Einzelheiten erkennen. Bei schwachem Licht aber sehen wir nur Umrisse, keine Farben. Meistens sehen Tiere entweder bei wenig Licht oder bei viel Licht besonders gut.

▲ Viele Frösche jagen nachts. Ihre Augen funktionieren im Dämmerlicht am besten und sie können Bewegungen sehr gut wahrnehmen. Krabbelt ein Käfer im Mondlicht vorüber, sieht ihn der Frosch und fängt ihn zum Abendessen.

▲ Adleraugen funktionieren bei Tageslicht am besten. Das Farbbild, das ein Adler sieht, ist fünfmal so genau wie das, was wir mit unseren Augen wahrnehmen. Adler können Beutetiere erkennen, die über 1,5 Kilometer weit weg sind.

ERSTAUNLICH

Wenn ein Greifvogel ein Beutetier sieht, verfolgt er es. Im Mittelalter richtete man Greifvögel ab, damit sie für die Menschen kleine Tiere erbeuteten. Waren die Vögel nicht auf Jagd, setzte man ihnen Lederhauben auf, die ihre Augen bedeckt.

SO FUNKTIONIERT ES

Die Pupille ist das Loch, durch das Licht ins Auge gelangt. Damit eine Katze nachts sehen kann, muss viel Licht in ihre Augen gelangen – die Pupillen öffnen sich weit. Ist es hell, verengen sie sich zum Schlitz.

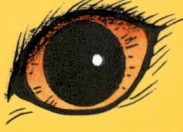
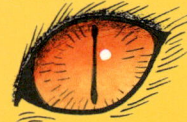

Wenig Licht   Viel Licht

▲ Bei vielen nachtaktiven Tieren ist hinten im Augapfel eine besondere Schicht, das Tapetum. Es spiegelt das Licht zurück. Deshalb leuchten die Augen einer Katze im Dunkeln.

▼ Eulen haben riesige Augen, die viel Licht auffangen, wenn die Vögel nachts jagen. In völliger Dunkelheit können sie zwar nichts sehen, sie erkennen aber im Dunkeln noch etwas, wenn wir längst nichts mehr wahrnehmen.

WORTSCHATZ

nachtaktiv
Ein Tier, das nachts unterwegs ist und Nahrung sucht.

Pupille
Der dunkle Kreis oder Schlitz, durch den Licht ins Auge gelangt.

Tapetum
Schicht im Augapfel nachtaktiver Tiere, die Augen leuchten lässt.

Besondere Farben

Das Sonnenlicht setzt sich aus Licht in allen Farben des Regenbogens zusammen. Wir sehen Dinge farbig, denn sie werfen verschiedene Anteile des Sonnenlichts zurück. Mit unseren Augen können wir aber nicht alle Anteile des Sonnenlichts wahrnehmen. Andere Tiere können das: Sie sehen Infrarotlicht, Ultraviolettlicht und polarisiertes Licht, eine Art Muster aus Licht.

ERSTAUNLICH

Vogelaugen nehmen ultraviolettes Licht wahr. Für einen Vogel sehen andere Vögel deshalb anders aus als für uns. Pfauenfedern z. B. erscheinen einem Vogel eher blau als grün. Einige Vögel, die für unsere Augen weiß sind, tragen ultraviolette Muster, die die anderen Vögel erkennen.

▼ Normales Licht kann das trübe Wasser, in dem Piranhas leben, nicht durchdringen. Infrarotlicht schon. Wir können Infrarotlicht nicht sehen, Piranhas aber sehen es. So finden sich die Fische in der trüben Umgebung zurecht.

▲ Echsen, Frösche und einige Fische haben oben am Kopf ein drittes Auge: das Parietalauge. Bei den meisten Tieren ist es nur ein durchscheinender Hautfleck, bei der Brückenechse aber hat es eine Linse und eine Netzhaut. Mit dem Auge nimmt die Echse polarisiertes Licht wahr. Das Licht beeinflusst, wann sie schläft und wann sie wach ist.

KÖNNEN HUNDE FARBEN SEHEN?

Hunde sehen auch bei wenig Licht sehr genau, Farben aber können sie nicht gut erkennen. Für sie ist die Welt ein Schwarz-Weiß-Bild, das blassblau und gelb getönt ist.

Für uns ist die Blüte gelb.

Für die Biene leuchtet die Blüte blau.

▲ Bienen können das ultraviolette Licht sehen, das viele Blüten zurückwerfen. Manche Blüten, die für uns weiß oder gelb sind, tragen für eine Biene leuchtend blaue Muster. So finden Insekten den Pollen leichter.

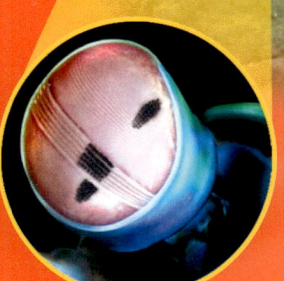

Fangschreckenkrebse haben große Augen.

▲ Die Augen der Fangschreckenkrebse sind sehr kompliziert gebaut: Viermal so viele Nerven wie in unseren Augen nehmen bei diesen Krebsen Farben wahr. Sie sehen Infrarot-, Ultraviolett- und polarisiertes Licht. Damit erkennen sie ihre Beute und geben sich gegenseitig Signale.

IDEEN-ECKE

Briefbeschwerer-Eule

Suche einen runden Kieselstein und wasche ihn gut ab. Lass ihn trocknen und male ihn dann weiß an. Zeichne das Gesicht und den Körper der Eule auf. Die Augen müssen groß sein! Wenn die Farbe trocken ist, kannst du die Eule lackieren.

Signale erkennen

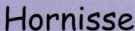
Hornisse

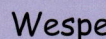
Wespe

Tiere brauchen ihre Augen bei der Nahrungssuche und um Gefahren zu erkennen. Aber sie nehmen auch die Signale anderer Tiere wahr. Tiere senden sich mit Licht, Farben und Bewegungen Nachrichten.

▲ Mit schwarzen und gelben Streifen signalisieren Bienen, Wespen und Hornissen den Fressfeinden: „Ich steche, lass mich in Ruhe!" Die Insekten werden nicht angegriffen, denn Vögel erkennen das Signal.

▼ Einige Insekten, wie dieses Glühwürmchen, erzeugen in ihrem Körper Licht. So senden sie im Dunkeln Signale. Glühwürmchen sind Käfer. Die Weibchen können nicht fliegen. Sie krabbeln auf Grashalme und locken die fliegenden Männchen mit Lichtsignalen an.

WARUM GLÜHEN GLÜH-WÜRMCHEN?
Wenn sich zwei chemische Stoffe, Luciferin und Luciferase, im Körper vermischen, entsteht ein kaltes Licht. Glühwürmchen und auch viele Meerestiere erzeugen auf diese Weise grünes Licht.

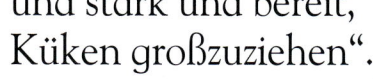

▲ Während der Brutzeit haben die Männchen der Fregattvögel große rote Kehlsäcke. Den Kehlsack blasen sie auf wie einen Ballon. Für Weibchen bedeutet das: „Ich bin groß und stark und bereit, Küken großzuziehen".

IN DER URZEIT

Dilophosaurus war ein Dinosaurier und lebte vor 190 Millionen Jahren. Er hatte zwei Knochenkämme auf dem Kopf. Wir werden nie erfahren, welche Farbe sie hatten, aber vermutlich gab er anderen Sauriern Signale damit.

▲ Der Seidenlaubenvogel baut eine Laube aus Gras und dekoriert sie mit allen blauen Gegenständen, die er finden kann. So teilt er den Weibchen mit, dass er ein toller Kerl und ein prima Partner ist. Gefällt einem Weibchen die Laube, wird er der Vater der Küken.

FINDEST DU'S?

1. ein Insekt, das leuchtet
2. einen Vogel, der Blau liebt
3. zwei Fische derselben Art

▼ An Korallenriffen leben viele verschiedene Fischarten, sodass es für einen Fisch schwierig sein könnte, Fische seiner eigenen Art zu finden. Deshalb ist jede Fischart anders gefärbt und gemustert. Ein Fisch findet seine Familie so in der Menge leicht wieder.

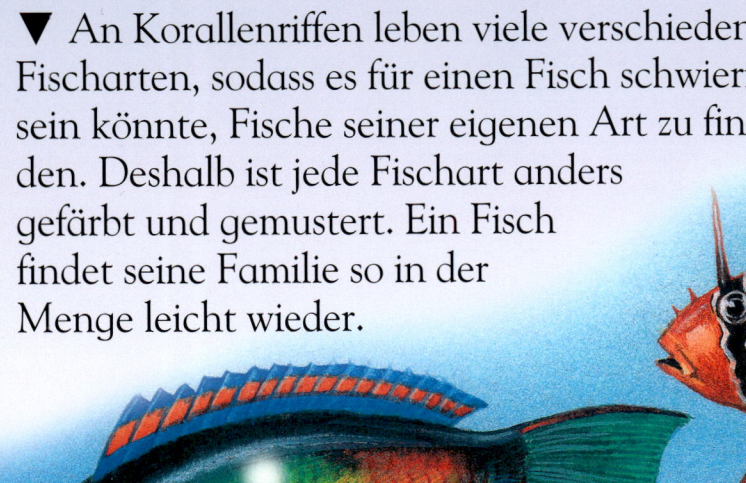

Das Gehör

Wind und Wetter, Tiere, Bäume – alles macht typische Geräusche. Auf diese Weise werden Informationen übermittelt. Winzige Schallwellen breiten sich sehr schnell in der Luft oder im Wasser aus. Tiere können diese Schallwellen wahrnehmen.

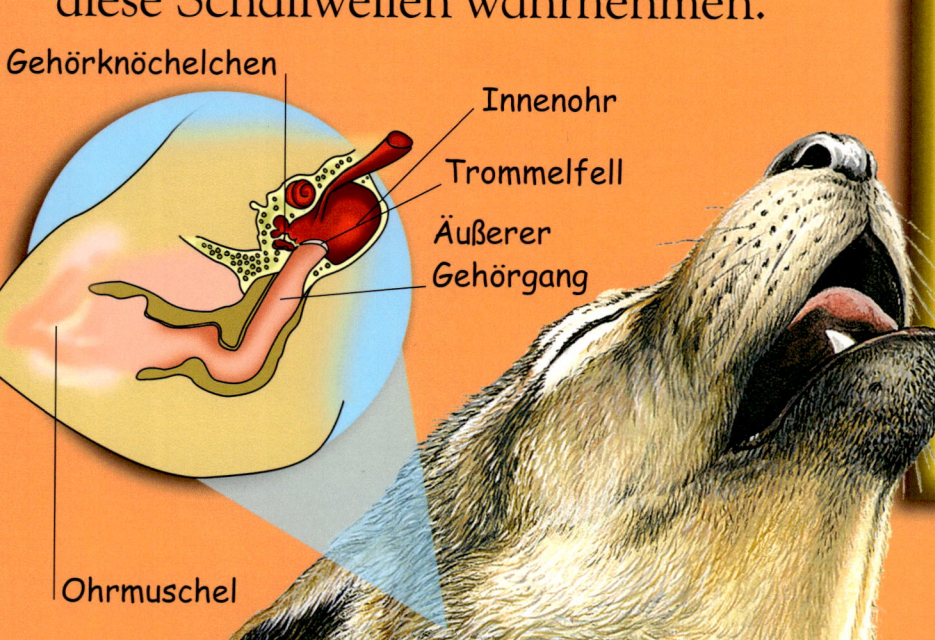

Gehörknöchelchen

Innenohr

Trommelfell

Äußerer Gehörgang

Ohrmuschel

ERSTAUNLICH

Die meisten Säugetiere bewegen ihre Ohrmuscheln, um Schall aus verschiedenen Richtungen zum Gehörgang zu lenken. Tiere mit großen, becherförmigen Ohren nehmen auch leise Geräusche wahr. Wenn sie ihre Ohren drehen, wissen sie, aus welcher Richtung der Schall kommt.

Hirsche drehen ihre Ohren beim Lauschen.

◄ Die Ohrmuscheln von Säugetieren fangen Schallwellen auf. Sie leiten sie durch den äußeren Gehörgang zum Trommelfell, das zittert, wenn die Wellen auftreffen. Diese Bewegung wird über drei winzige Gehörknöchelchen zum Innenohr geleitet. Dort senden Nervenzellen eine Nachricht zum Gehirn – das Tier hört ein Geräusch.

Innenohr

Trommelfell

► Frösche haben keine Ohrmuscheln. Ihr Trommelfell kannst du direkt sehen. Es ist mit einem Gehörknöchelchen verbunden. Selbst die Lunge des Froschs reagiert auf Schallwellen. Ein Frosch hört also auch mit der Lunge!

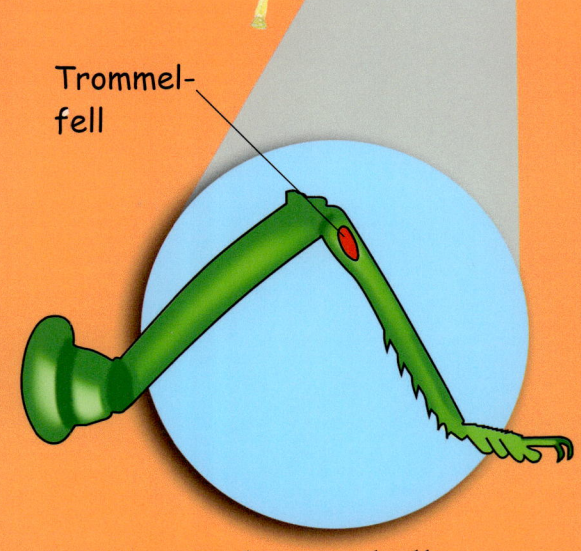

Trommel-fell

▲ Bei manchen wirbellosen Tieren sitzen die Ohren nicht am Kopf. Laubheuschrecken haben kleine Trommelfelle an den vorderen Beinen, die zittern, wenn Schallwellen auftreffen. Nerven leiten dann die Nachricht zum Gehirn. Heuschrecken hören sozusagen mit den Beinen.

IDEEN-ECKE

Bastle dir Tierohren

Nimm zwei große Pappbecher. Schneide aus jedem den Boden heraus und den oberen Rand schräg ab, sodass der Becher eine Ohrenform hat. Bemale oder verziere die Becher so, dass sie aussehen wie Fuchs- oder Kaninchenohren. Stülpe sie über deine Ohren und bewege sie. Merkst du, dass du Geräusche aus einer bestimmten Richtung besser hören kannst?

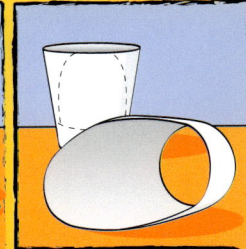

Das Gehör

Jagen nach Gehör

Wenn es dunkel ist oder die Beutetiere unter der Erde oder in einem Baum verborgen sind, müssen Räuber ihre Ohren bei der Jagd einsetzen. Sie brauchen große Ohren, um auch ganz leise Geräusche wahrzunehmen und zu erkennen, aus welcher Richtung sie kommen.

SO FUNKTIONIERT ES

Eulen haben keine Ohrmuscheln, die Schallwellen auffangen. Ihr Gesichtsschleier funktioniert aber genauso: Schall wird zu den Ohröffnungen seitlich am Kopf unter den Federn geleitet.

▼ Aye-Ayes leben in Wäldern auf Madagaskar, einer Insel vor der Küste Afrikas. Mit ihren langen, dünnen Fingern klopfen sie Äste ab und lauschen, an welchen Stellen die Geräusche hohl klingen. Dort ist unter der Rinde oft eine saftige Made verborgen. Dann beißen sie ein Loch in die Rinde und angeln die Made mit einem ihrer langen Finger heraus.

▲ Eulen wie dieser Waldkauz haben riesige Augen, mit denen sie bei sehr wenig Licht sehen können. Eulen jagen aber auch in völliger Dunkelheit. Sie spüren die Beute mit ihrem hervorragenden Gehör auf. Eulenfedern sind weich, deshalb können die Vögel fast lautlos fliegen.

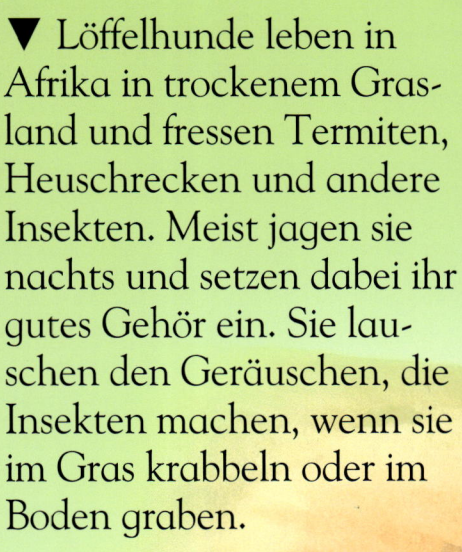

▼ Löffelhunde leben in Afrika in trockenem Grasland und fressen Termiten, Heuschrecken und andere Insekten. Meist jagen sie nachts und setzen dabei ihr gutes Gehör ein. Sie lauschen den Geräuschen, die Insekten machen, wenn sie im Gras krabbeln oder im Boden graben.

FASZINIERENDE TIERWELT

Elefantenohren haben Kerben, Narben und Flecken. So kann man die Tiere auseinanderhalten, genau wie man Menschen am Gesicht erkennen kann. Im Samburu-Nationalreservat in Kenia können Wissenschaftler 1000 verschiedene Elefanten an ihren Ohren unterscheiden. Sie erforschen, wie alt die Tiere werden und wie weit sie umherziehen.

WO SITZEN BEI SCHLANGEN DIE OHREN?

Nirgendwo, denn Schlangen haben keine Ohren. Sie nehmen aber mit ihrer Haut Schallwellen wahr, die sich im Boden ausbreiten.

Mit den Ohren „sehen"

Du knipst nachts das Licht an, um etwas zu sehen. Manche Tiere aber „sehen" nachts mit ihren Ohren. Sie stoßen Laute aus, die von Gegenständen in der Umgebung zurückgeworfen werden. Dieses Echo nehmen sie wahr und ein „Bild" der Umwelt entsteht in ihrem Gehirn. Das nennt man Echoortung.

ERSTAUNLICH

Fledermäuse nehmen mit Echoortung ein sehr deutliches Bild ihrer Umgebung wahr. Sie können Gegenstände „hören", die so dünn sind wie ein Menschenhaar. So spürt die Fledermaus in einer Nacht Tausende Insekten auf und erbeutet sie.

▲ Fledermäuse stoßen Laute aus, die so hoch sind, dass wir sie nicht hören können. Die Schallwellen breiten sich nicht weit aus, aber durch das Echo kann die Fledermaus auch winzige Insekten wahrnehmen.

Melone

◀ Delfine machen Klick- und Pfeiflaute. Die Melone aus Fettgewebe in ihrem Kopf bündelt die Schallwellen. Das Echo, das von Gegenständen zurückgeworfen wird, gelangt über den Kieferknochen des Delfins zum Innenohr. So kann er wahrnehmen, wo seine Beute ist.

► Fettschwalme sind nachts unterwegs und fressen Früchte. Tagsüber ruhen sie in Höhlen. Die Vögel können bei Dämmerlicht gut sehen, orientieren sich aber auch mit Echoortung: Sie stoßen Klicklaute aus und lauschen dem Echo.

▲ Finnwale bringen sehr tiefe Töne hervor. Die breiten sich weit aus und werden nur von sehr großen Gegenständen zurückgeworfen. Der Wal nimmt seine Umgebung nicht sehr genau wahr, kann aber große Fischschwärme aufspüren.

WORTSCHATZ

Echoortung
Dabei stoßen Tiere Laute aus. Durch das Echo, das die Gegenstände zurückwerfen, entsteht im Gehirn ein „Bild" der Umgebung.

Melone
Ein Fettgewebe in der Stirn von Delfinen, das ihre Klick- und Pfeiflaute bündelt.

FINDEST DU'S?
1. einen Wal mit sehr tiefer Stimme
2. ein fliegendes Säugetier mit hoher Stimme
3. einen Vogel, der sich mit Klicklauten zurechtfindet

► Manche Falter können mit Ohren an Körper oder Beinen die Rufe der Fledermäuse wahrnehmen. Hört der Falter eine Fledermaus, legt er die Flügel an und lässt sich fallen, sodass sie ihn nicht erwischt.

Schallsignale

Mit Lauten senden sich Tiere Signale, wenn sie so weit voneinander entfernt sind, dass sie sich nicht sehen können. Auch unter der Erde oder in Baumwipfeln funktioniert das. Diese „Unterhaltung" wird von den unterschiedlichsten Tieren, ob Insekten oder Wale, genutzt.

▲ Elefanten rufen sich gegenseitig Töne zu, die so tief sind, dass wir sie nicht hören können. Die Schallwellen breiten sich kilometerweit im Boden aus. Andere Elefanten können sie mit den Fußsohlen wahrnehmen.

▼ Krokodilmütter vergraben ihre Eier im Schlamm am Flussufer. Wenn die kleinen Krokodile bereit sind zu schlüpfen, machen sie im Ei quietschende Geräusche. So können alle Jungen gleichzeitig schlüpfen und die Mutter macht sich bereit, ihnen beim Ausbuddeln zu helfen.

IN DER URZEIT

Lambeosaurus war ein Dinosaurier, der vor 75 Millionen Jahren lebte. Die Tiere hatten riesige hohle Knochenkämme am Kopf. Der Hohlraum stand mit der Nase in Verbindung. Vielleicht brachten sie mit den Kämmen Töne hervor.

IDEEN-ECKE

Zirpendes Grillenorchester

Du brauchst verschieden große Kämme und Holzstäbchen. Streichst du mit dem Stab über die Zinken, entsteht ein Geräusch. Wenn ein paar Freunde mitmachen, könnt ihr verschiedene Tonhöhen erzeugen. Probiert unterschiedliche Rhythmen aus!

▲ Das Zaunkönigmännchen überbringt mit Gesang zwei Botschaften. Die eine teilt anderen Männchen mit: „Mein Revier! Verschwinde!". Die andere sagt den Weibchen: „Ich bin ein toller Typ, werde meine Frau!"

◄ Grillenmännchen zirpen, indem sie die Ränder ihrer Flügel aneinanderreiben. So senden sie Botschaften, genau wie Vögel mit ihrem Gesang. Andere Männchen sollen vertrieben und Weibchen angelockt werden.

► Blauwale ziehen oft allein im Ozean umher. Sie können aber über weite Strecken mit anderen Blauwalen in Kontakt bleiben. Dazu machen sie tief brummende Geräusche, die sich Hunderte, ja sogar Tausende von Kilometern weit ausbreiten.

Sprechende Tiere

Tiere kommunizieren auf unterschiedliche Weise miteinander: mit Farben und Bewegungen, Geräuschen und Gerüchen. Gibt es Tiere, die wie wir eine Sprache sprechen? Und können Menschen wirklich mit Tieren sprechen?

WORTSCHATZ

kommunizieren
Einem anderen Menschen oder Tier Informationen, Ideen oder Gefühle mitteilen.

Sprache
Wörter oder Zeichen für Dinge, Gefühle, Ideen, die man aneinanderreihen kann, um Verschiedenes auszudrücken.

◄ Aras und andere Papageien können lernen, menschliche Stimmen nachzuahmen. Sie sprechen Wörter deutlich aus. Manche verstehen sogar, was Begriffe bedeuten und gebrauchen sie richtig. Alex, ein berühmter Graupapagei, konnte über 100 Wörter sprechen und verstehen.

► Schimpansenstimmen unterscheiden sich von unserer: Zunge und Kehlkopf sind anders gebaut. Affen können unsere Sprache nicht lernen. In der Natur verständigen sie sich mit Gesten. Forscher lehrten einigen die Menschen-Zeichensprache.

FASZINIERENDE TIERWELT

Washoe war ein Schimpansenweibchen, das Wissenschaftler großgezogen hatten. Sie brachten ihr eine Zeichensprache bei, die auch gehörlose Menschen verwenden. Washoe lernte über 250 Zeichen und unterhielt sich mit ihren Pflegern und anderen Schimpansen. Sie brachte sogar ihren Affenfreunden Zeichen bei. Wahrscheinlich war sie das erste Tier, das eine menschliche Sprache gebrauchte.

▲ Ein Wort ist ein Laut, der immer das Gleiche bedeutet. Grüne Meerkatzen kennen verschiedene Warnlaute. Sie stoßen sie aus, wenn sie einen Fressfeind bemerken. Die Laute funktionieren wie Wörter. Beim „Adlerruf" rennen sie z.B. in die Deckung.

Zunge und Nase

Mit dem Geschmacks- und Geruchssinn erkennen wir, welches Essen lecker und welches verdorben ist oder ob in der Nähe ein Feuer qualmt. Viele Tiere können viel besser riechen und schmecken als Menschen. Sie brauchen diese Sinne zum Überleben.

▲ Die meisten Schmetterlingsraupen fressen nur eine bestimmte Pflanzenart. Erwachsene Schmetterlinge schmecken die richtige mit den Füßen und legen dort ihre Eier ab.

WIE FEIN SIND HUNDENASEN?

Ein Mensch hat etwa 5 Millionen Geruchssinneszellen in der Nase. Hunde haben über 40-mal mehr. Sie können Gerüche wahrnehmen, die Millionen Mal schwächer sind.

◄ Ein Krake schmeckt mit den Armen. An der Unterseite der acht Arme befinden sich Saugnäpfe und um jeden Saugnapf Geschmackssinneszellen. Der Krake bleibt im Schutz seiner Höhle und streckt die Arme aus. Wenn er Nahrung schmeckt, zieht er sie hinein.

► Schlangen züngeln mit ihrer gegabelten Zunge. Dabei transportieren sie winzige Duftmoleküle aus der Luft zu ihrem Jacobsonschen Organ im Gaumen. Dieses Organ nimmt Gerüche und Geschmäcker wahr.

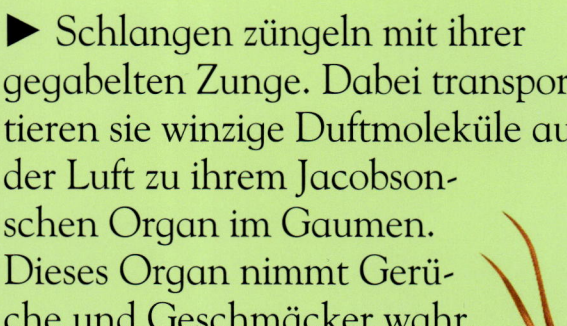

Nerv

Jacobsonsches Organ

Gehirn

▲ Der Große Ameisenbär hat sehr schlechte Augen. Sein Geruchssinn aber ist so gut, dass er Ameisen unter der Erde erschnüffelt. Er gräbt sie mit den kräftigen Krallen aus und schleckt sie mit seiner langen, klebrigen Zunge auf.

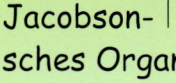

IDEEN-ECKE

Zappelnde Kraken

Schneide acht 15 cm lange und 2,5 cm breite Papierstreifen aus. Rolle sie oder ziehe sie über die Klinge einer Schere, sodass sie sich einrollen. Klebe alle Arme am oberen Ende zusammen. Klebe einen Papierkreis mit aufgemaltem Krakengesicht auf dieses Ende. Bastle Kraken in verschiedenen Farben und hänge sie an Gummibändern auf. Wenn sie auf und ab schweben, tasten sie mit den Armen.

Sich zurechtfinden

Anders als Geräusche und das, was man sieht, bleiben Gerüche oft lange Zeit bestehen. Viele Tiere hinterlassen eine Duftspur, die ein Fressfeind noch Tage später aufspüren kann. Fast jeder Ort besitzt einen typischen Geruch. Am Geruch können Tiere Nahrung aufspüren oder sich zurechtfinden.

▲ Tauben finden von fast jedem Ort aus wieder nach Hause. Dabei nutzen sie verschiedene Hinweise. Der Geruch der Gegend, in der sie zu Hause sind, ist sehr wichtig.

▼ Meeresschildkröten ziehen ungefähr 40 Jahre lang in den Ozeanen umher. Dann finden sie zurück zum Strand, an dem sie aus dem Ei geschlüpft sind. Auf weiten Strecken orientieren sie sich am Magnetfeld der Erde und am Sternenhimmel. Den Strand selbst erkennen sie dann am Geruch und Geschmack des Wassers.

ERSTAUNLICH
Mit dem Kopf kann der Hammerhai die Richtung von Gerüchen sehr gut bestimmen. Mit weit voneinander entfernten Nasenlöchern merkt er genau, wo er einen Geruch wahrnimmt.

▲ Für eine Ameise sind 100 Meter, die sie vom Nest bis zu einer Nahrungsquelle zurücklegen muss, eine riesige Entfernung. Damit sie wieder ins Nest zurückfindet und andere Ameisen die Nahrung ebenfalls entdecken, legt sie eine Duftspur.

WORTSCHATZ

Magnetfeld

Ein Feld, in dem Kräfte auf bewegte geladene Teilchen wirken. Die Erde kann man sich als riesigen Magneten mit Magnetfeld vorstellen.

sich orientieren

Sich zurechtfinden, indem man verschiedene Informationen nutzt.

▼ Weiße Haie haben wahrscheinlich den besten Geruchssinn aller Haie. Sie können einen Tropfen Blut im Wasser riechen, wenn sie viele Kilometer weit weg sind. Sie schwimmen in die Richtung, in der der Geruch am stärksten ist.

▲ Bären nehmen auch schwache Gerüche in vielen Kilometern Entfernung wahr und folgen der Duftspur oft tagelang, um an Nahrung zu kommen. Männchen spüren auch paarungsbereite Weibchen auf. Und Weibchen erkennen am Geruch, ob ein Männchen ihre Jungen töten würde und sie es deshalb meiden sollten.

Gerüche als Signale

Mit der Nase nehmen viele Tiere feine Unterschiede im Geruch wahr. So werden Informationen, wie z. B. der Unterschied zwischen frischer und saurer Milch, übermittelt. Zudem verströmen Duftstoffe ihren Geruch oft lange Zeit. Manche werden vom Wind über weite Strecken transportiert. Mit Gerüchen kann man deshalb gut Signale senden.

◀ Die Weibchen der Schwammspinner können nicht fliegen und locken die Männchen deshalb an. Sie geben Duftstoffe ab, die man Pheromone nennt. Männchen folgen der Duftspur zum Weibchen.

FASZINIERENDE TIERWELT

Schwammspinner-Raupen fressen die Blätter von Bäumen und richten in Wäldern Schäden an. Amerikanische Förster verteilen deshalb Späne mit den Pheromonen der Weibchen. Die Männchen sind verwirrt: Sie finden die paarungswilligen Weibchen nicht mehr. So gibt es später weniger Raupen.

Pheromon

Ein chemischer Duftstoff, mit dem ein Tier Partner anlockt.

Urin

Die Flüssigkeit mit Abfallstoffen, die von den Nieren gebildet und in der Blase gesammelt wird, bis man sie ausscheidet.

◄ Viele Tiere markieren ihr Revier mit Geruchsstoffen. Löwenmännchen kratzen Baumrinde auf und versprühen eine Mischung aus Urin und einer Flüssigkeit. Andere Löwen wissen, was das bedeutet: „Bleib weg!"

Stinktiere riechen und hören gut, ihre Augen aber sind schlecht.

► Stinktiere haben ein auffällig schwarz-weiß gestreiftes Fell. Das Muster warnt andere Tiere vor ihrer Waffe: Bei Bedrohung stellen sie sich auf die Vorderbeine und versprühen eine Flüssigkeit aus Drüsen unter ihrem Schwanz. Die Flüssigkeit brennt auf der Haut und in den Augen und stinkt wochenlang fürchterlich.

Der Tastsinn

Der Tastsinn ist sehr wichtig, denn er schützt Tiere vor Verletzungen. Fasst du z. B. etwas an, das heiß oder scharfkantig ist, ziehst du automatisch deine Hand zurück. Dort, wo man nicht viel sieht, wie unter der Erde oder unter Wasser, ist dieser Instinkt sehr nützlich.

Seitenlinienorgan

▲ Entlang der Seiten des Haikörpers verläuft das Seitenlinienorgan. Eine Reihe aus winzigen Löchern steht mit Sinneszellen in der Haut in Verbindung. Mit diesem Organ nimmt der Hai Bewegungen im Wasser wahr.

▶ Manche Insekten leben in Höhlen, wo es immer dunkel ist. Sie tasten mit Beinen und Antennen, um sich zurechtzufinden.

▲ Sternmulle graben in sumpfiger Erde. Sie sind fast blind, in ihrer sternförmigen Nase aber befinden sich jede Menge Tastsinneszellen. In weniger als einer Sekunde fühlt der Mull, ob er eine leckere Mahlzeit vor der Nase hat.

▼ Otter jagen in trüben Gewässern, wo sie kaum etwas sehen. Mit ihren langen Schnurrhaaren ertasten sie ihre Beute. Otter ohne Schnurrhaare würden viel, viel länger brauchen, um Nahrung zu finden.

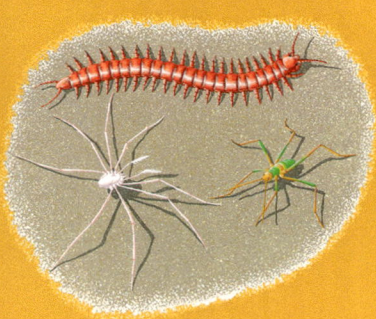

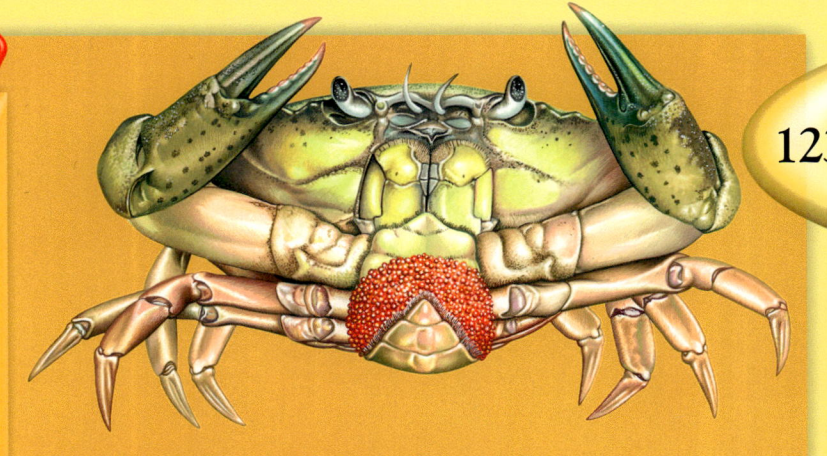

ERSTAUNLICH

Über unsere Haut erfahren wir etwas über die Umwelt. Wir wissen auch, wo unsere Beine oder unsere Finger sind, ohne hinzusehen. Die Haut (unten) ist von vielen Nerven durchzogen, die verschiedene Dinge wie Wärme, Kälte und Schmerz wahrnehmen.

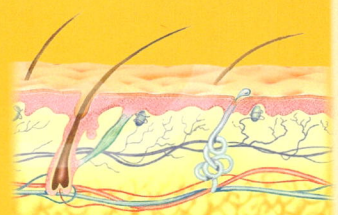

▲ Krabben haben einen dicken Panzer, mit dem sie nicht fühlen können. Steife Borsten durchdringen den Panzer. Sie stehen mit Nerven unter dem Panzer in Verbindung, mit denen Krabben Bewegungen im Wasser fühlen können.

IDEEN-ECKE

Finde dich mit Schnurrhaaren zurecht

Klebe ungefähr acht kastaniengroße Kugeln aus Knete auf einen Plastikhaarreif. Stecke in jede Kugel ein Stäbchen oder einen Pfeifenreiniger. Setze den Haarreif so auf, dass er die Haut an deiner Stirn berührt. Die Schnurrhaare müssen weit vom Kopf abstehen. Schließe die Augen und laufe vorsichtig umher. Berührt ein Schnurrhaar etwas, wirst du es fühlen.

Der Tastsinn

Berührungen

Mit dem Tastsinn finden wir nicht nur etwas über unsere Umwelt heraus. Viele Tiere kommunizieren auch mit Berührungen: Sie begrüßen sich so, kraulen oder lausen ihre Jungen oder halten Kontakt zu anderen Tieren.

▲ Will ein Vogelspinnenmännchen ein Weibchen rufen, trommelt es so schnell im Bau, dass ein Summen entsteht. Das wird in der Erde weitergeleitet und das Weibchen kann es hören.

◄ Elefanten riechen mit ihrem Rüssel, heben Dinge hoch und betasten sie und berühren sich gegenseitig. Mütter und ihre Kälber kraulen sich gegenseitig mit dem Rüssel. Erwachsene Elefanten begrüßen sich mit einem Rüsselgruß, genau wie wir uns umarmen oder uns die Hände schütteln.

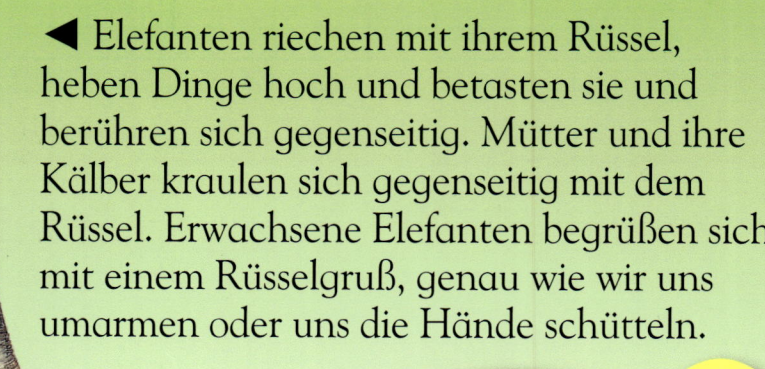

WAS IST EIN ELEFANTEN-RÜSSEL?

Im Rüssel sind Nase und Oberlippe miteinander verwachsen. Er ist kräftig und gelenkig. Man kann ihn für alles Mögliche einsetzen.

► Schimpansen sind soziale Tiere. Sie umarmen und küssen sich zur Begrüßung und halten Händchen. Oft lausen sie sich stundenlang gegenseitig das Fell. So festigen sie Freundschaften und versöhnen sich nach einem Streit wieder.

WORTSCHATZ

lausen

Mit den Händen oder Pfoten das Fell eines anderen Tiers nach Flöhen, Läusen und Schmutz absuchen.

sozial

Ein soziales Tier verbringt viel Zeit mit anderen Tieren seiner Art.

► Waldmurmeltiere teilen ihre Baue mit anderen. Die Baue können bis zu 14 Meter Durchmesser haben und 1,5 Meter tief in die Erde reichen. Die Tiere stellen sich zur Begrüßung auf die Hinterbeine und reiben die Nasen aneinander.

► Die Männchen und Weibchen der Streifenwanzen sind so groß wie dein Fingernagel. Auf der Pflanze finden sie sich gegenseitig mit dem Tastsinn: Sie klopfen auf Zweige und Blätter und leiten damit Schwingungen weiter, die andere Wanzen mit den Füßen fühlen.

FASZINIERENDE TIERWELT

Manche Langusten ziehen im Herbst in tiefere Meeresregionen, wo das Wasser ruhiger ist. Sie laufen in einer Reihe hintereinander, um nicht von Strömungen fortgespült zu werden. Jede Languste berührt die Languste vor ihr mit ihren Antennen und hält so Kontakt.

Sechster Sinn

Menschen haben fünf Sinne: Wir können sehen, hören, schmecken, riechen und fühlen. Manche Tiere haben noch andere Sinne. Wir können nur mit wissenschaftlichen Instrumenten messen, was sie damit wahrnehmen.

WIE VIEL ELEKTRIZITÄT ERZEUGEN ZITTERAALE?

Sie können ca. 400 Volt Spannung erzeugen, um Beute zu betäuben. Strom aus der Steckdose ist weniger stark.

◀ Salamander nehmen wie viele Tiere das Magnetfeld der Erde wahr. So können sie sich orientieren. Egal, wo sie sind, sie wissen immer, in welche Richtung sie laufen müssen.

ERSTAUNLICH

Botschaften vom Gehirn werden mit elektrischen Signalen über Nerven zu den Muskeln übermittelt. Manche Fische, wie der Elefantenfisch, können auf diese Weise elektrische Felder erzeugen. Sie betäuben ihre Beute mit einem Stromschlag.

▲ Elefantenfische erzeugen ein schwaches elektrisches Feld um ihren Körper. Sie fühlen mit ihrem Seitenlinienorgan, wenn etwas dieses Feld berührt. So finden sie sich in trübem Wasser zurecht.

▶ Eine Grubenotter jagt nachts kleine Säugetiere. Mit Grubenorganen unter den Augen kann sie die Wärme spüren, die der Körper eines Beutetiers abgibt. Die Schlange nimmt ein „Wärmebild" wahr und beißt an der richtigen Stelle zu.

Grubenorgan

FINDEST DU'S?
1. ein Reptil, das die Wärme seiner Beute wahrnimmt
2. ein Säugetier, das das Magnetfeld der Erde nutzt
3. einen Fisch mit einem merkwürdigen Kopf

◀ Für Wale und Delfine sind die unsichtbaren magnetischen Feldlinien der Erde sehr hilfreich. Diese Säugetiere müssen sich im riesigen Ozean zurechtfinden, wo alles gleich aussieht. Das Magnetfeld der Erde dient ihnen als eine Art Landkarte.

▶ Auf der Unterseite eines Hammerhaikopfes befinden sich Hunderte winziger Kanäle, gefüllt mit einer Art Gelee. Mit ihnen nimmt der Hai schwache elektrische Felder wahr, die die Muskeln anderer Tiere erzeugen. Deshalb findet er Fische, die sich im Sand vergraben haben.

Alles klar?

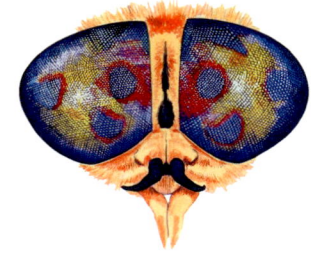

▲ Die Augen vieler Tiere leuchten nachts, denn im Augapfel befindet sich eine besondere Schicht, das Tapetum.

▲ Die Facettenaugen der Insekten sind aus Tausenden winziger Einzelaugen zusammengesetzt.

▲ Fledermäuse stoßen bei der Jagd hohe Laute aus. Am Echo finden sie heraus, wo die Beute ist.

▲ Aye-Ayes klopfen mit ihren Fingern Äste ab. Wo es hohl klingt, ist ein Insekt unter der Rinde.

▲ Löwenmännchen kratzen Baumrinde auf und versprühen einen Duftstoff. So markieren sie ihr Revier.

▲ Meeresschildkröten finden mithilfe des Magnetfelds der Erde zum Strand zurück, an dem sie geschlüpft sind.

▲ Piranhas können in trüben Gewässern sehen, denn ihre Augen nehmen Infrarotlicht wahr.

▲ Tag- und Nachtfalter legen Eier nur auf bestimmten Pflanzen ab. Ihre Füße „erschmecken" die richtigen.

▲ Grüne Meerkatzen stoßen verschiedene Laute aus, um sich gegenseitig vor Fressfeinden zu warnen.

Tierkinder

Bei einigen einfach gebauten Tieren entstehen junge Tiere ähnlich wie bei Pflanzen. Bei den meisten jedoch muss ein Spermium des Männchens eine Eizelle des Weibchens befruchten, damit sich ein Junges entwickeln kann. Tiereltern kümmern sich auf unterschiedliche Weise um ihren Nachwuchs.

Partner finden

Bei fast allen Tieren entwickelt sich ein Junges, wenn eine Eizelle der Mutter mit einem Spermium des Vaters zusammentrifft. Das nennt man Befruchtung. Dafür muss sich das Männchen mit dem Weibchen paaren.

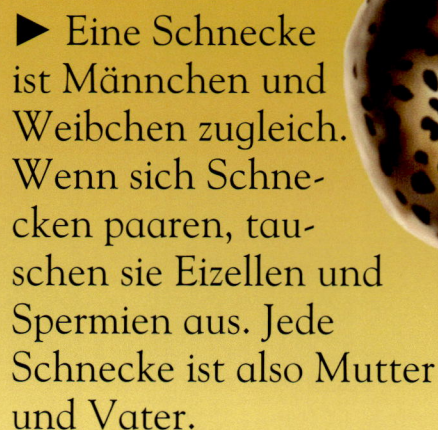

▶ Eine Schnecke ist Männchen und Weibchen zugleich. Wenn sich Schnecken paaren, tauschen sie Eizellen und Spermien aus. Jede Schnecke ist also Mutter und Vater.

▲ Ein Weibchen braucht viel Energie, um Eizellen zu bilden. Skorpionsfliegenweibchen paaren sich deshalb nur mit Männchen, die ihnen ein Geschenk bringen: etwas zu fressen!

SO FUNKTIONIERT ES

Ein Spermium verschmilzt bei der Befruchtung mit der Eizelle. Daraufhin teilt sich die Zelle. Danach teilen sich die beiden gerade entstandenen Zellen und so weiter. Das nennt man Zellteilung. Ein junges Tier besteht aus Millionen von Zellen.

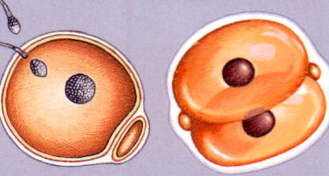

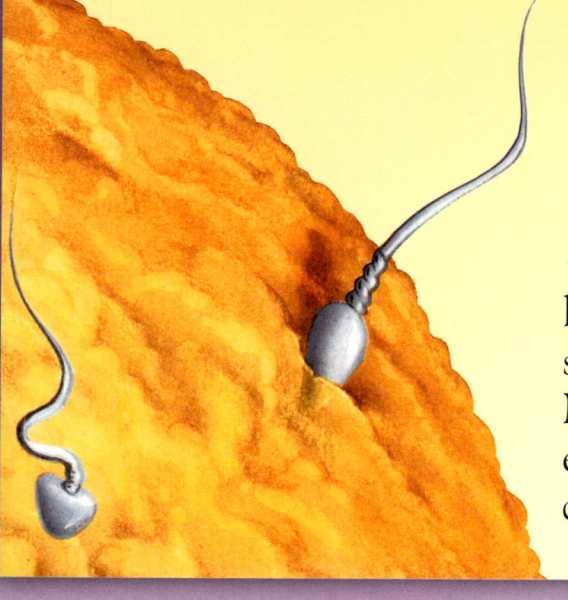

◀ Eizellen sind groß und rund. Spermien sind so klein, dass man sie nicht erkennen kann. Wenn sich Männchen und Weibchen paaren, schwimmen Millionen Spermien auf eine einzige Eizelle zu. Nur ein Spermium gewinnt das Rennen. Es befruchtet die Eizelle und ein Baby kann sich entwickeln.

ERSTAUNLICH

Einige einfach gebaute Tiere wie Schwämme und Seesterne können ohne Paarung Junge hervorbringen. Verliert ein Seestern einen Arm, wächst dieser zu einem neuen Seestern heran. Bei der Hydra (rechts) schnürt sich an der Seite eine junge Hydra ab.

► Das Stichlingsmännchen baut ein Nest und lockt ein Weibchen hinein, damit es dort Eier legt. Dann befruchtet das Männchen die Eier mit seinem Sperma. Die Weibchen sind sehr wählerisch und legen ihre Eier nur in die besten Nester.

▲ Die Männchen der Blauparadiesvögel plustern ihr wunderschönes Gefieder für die Weibchen auf. Das Weibchen wählt das am besten balzende Männchen als Vater für die Jungen aus.

FINDEST DU'S?

1. ein Tier, das Männchen und Weibchen zugleich ist
2. einen Vogel, der ein Angeber ist
3. eine Zelle, die wie eine Kaulquappe aussieht

Partner finden

Um einen Partner kämpfen

Tiere wollen so viele Kinder wie möglich bekommen. Die meisten Männchen paaren sich deshalb mit mehreren Weibchen. Die Weibchen wählen kräftige Männchen aus, damit ihre Jungen gute Voraussetzungen haben. Oft kämpfen Männchen miteinander, um ihre Kräfte zu messen.

▲ Hirschkäfer sind die größten Käfer in Europa, aber nur Männchen haben ein Geweih. Damit kämpfen sie um die Weibchen. Ein Männchen packt seinen Gegner und hebt ihn hoch.

FASZINIERENDE TIERWELT

Das Männchen der Blaugelben Zwergkaiserfische verteidigt sein Revier gegen andere Männchen. Es hat bis zu neun Weibchen. Stirbt es, wandelt sich das größte Weibchen in ein Männchen um.

◄ Einmal im Jahr kommen Seebären an Land, um Junge zur Welt zu bringen. Männchen sind drei- bis viermal so groß wie Weibchen. Sie verteidigen ein Stück Strand und dort lebende Weibchen. Bei Kämpfen unter Männchen kann es zu tödlichen Verletzungen kommen.

▲ Libellenmännchen verteidigen ihr Revier am Teich gegen andere Libellen. Die Weibchen paaren sich nur mit Männchen, die ein Revier mit Pflanzen haben, an denen sie ihre Eier ablegen können.

▼ Zur Paarungszeit versammeln Rothirsche eine Gruppe Hirschkühe um sich und versuchen, die anderen Männchen zu vertreiben. Sie röhren laut, um groß und wild zu wirken. Hilft das nicht, kämpfen sie mit ihren Geweihen – manchmal bis zum Tod.

WORTSCHATZ

Paarungszeit
Die Zeit im Jahr, in der Tiere sich paaren und Junge bekommen.

Revier
Ein Gebiet, das ein Tier gegen Eindringlinge verteidigt.

Um einen Partner kämpfen

Eier, Eier, Eier

Befruchtet ein Spermium eine Eizelle, kann sich ein Baby entwickeln. Bei den meisten Tieren geschieht dies in einem Ei. Es kann klein wie ein Stecknadelkopf oder groß wie eine Müslischüssel sein.

▲ Schmetterlinge legen 200 bis 300 winzige Eier, meist 10 bis 100 Stück auf einem Fleck. Oft legen sie die Eier an der Pflanze ab, die ihre Jungen fressen. Wenn die Raupen schlüpfen, haben sie gleich Nahrung.

▲ Schlangenweibchen legen Eier mit ledriger Schale. Die meisten Schlangenmütter machen sich dann aus dem Staub und die Jungen schlüpfen allein. Pythons wie dieses Teppichpython-Weibchen umschlingen schützend ihre Eier, während die Jungen sich entwickeln.

SO FUNKTIONIERT ES

Die Eier von Katzenhaien und Rochen haben eine ledrige Kapsel. An den Rändern sind Fäden, die sich an Algen verfangen, sodass die Eier nicht fortgespült werden. Oft findet man leere Eihüllen am Strand. Man nennt sie Nixentäschchen.

Ein Katzenhai schlüpft aus der Eikapsel.

◄ Krokodilweibchen legen bis zu 80 Eier und vergraben sie am Flussufer im Sand. Das Weibchen bewacht die Eier etwa zwei Monate lang. Dann schlüpfen die jungen Krokodile.

IN DER URZEIT

Maiasaura war ein Dinosaurier, der vor 74 Millionen Jahren lebte. Die Weibchen legten 30 bis 40 Eier auf einmal. Hunderte von ihnen nisteten gemeinsam in Brutkolonien.

▲ Froscheier haben keine harte Schale. Das Weibchen legt die Eier in Klumpen im Wasser ab, wo sie nicht austrocknen. Die Kaulquappen sind von einer geleeartigen Masse umgeben und so besser geschützt.

▲ Vögel legen Eier mit harter Schale. So ist das Junge im Ei besser geschützt. Die meisten Vogelweibchen legen nur wenige Eier gleichzeitig. Das Gelege dieses Sperlings besteht meist aus fünf oder sechs Eiern.

? ISST IRGENDWER STRAUSSEN-EIER?

Viele Tiere, z. B. Schakale und Geier, fressen Straußeneier, obwohl sie eine harte Schale haben.

▶ Afrikanische Strauße legen die größten Eier. Ein Ei ist über 20-mal so groß wie ein Hühnerei. Bis zu sechs Weibchen legen ihre Eier ins gleiche Nest, sodass ein Gelege aus 60 Eiern bestehen kann.

Selbstständige Junge

Alle Tiermütter wollen viele Junge bekommen. Manche legen deshalb viele Eier und lassen sie allein, sodass die geschlüpften Jungen für sich selbst sorgen müssen. Die Mutter kann bald anderswo Eier legen.

Ein Suppenschildkröten-Weibchen legt Eier.

Die Jungen schlüpfen und krabbeln zum Meer.

?

WIE GROSS SIND MEERESSCHILD-KRÖTEN-EIER?

Die Weibchen der Meeresschildkröten, die für die Eiablage an den Strand kommen, sind manchmal über 2 m lang. Ihre Eier sind aber recht klein.

Junger Kuckuck

▲ Suppenschildkröten-Weibchen vergraben ihre Eier am Strand, ein Stück vom Meer entfernt. Im warmen Sand entwickeln sich die Jungen. Die Mutter schwimmt wieder ins Meer hinaus, die Jungen schlüpfen selbstständig.

◀ Kuckucksweibchen legen ihre Eier in die Nester anderer, viel kleinerer Vögel. Schlüpft der kleine Kuckuck, wirft er die anderen Eier und Jungen aus dem Nest: Die Pflegeeltern kümmern sich nur um ihn.

▲ Nur wenn ein Vogelei warm gehalten wird, kann sich das Küken entwickeln: Die meisten Vögel sitzen auf ihren Eiern. Thermometerhühner aber vergraben ihre Eier in einem großen Haufen Pflanzenreste, die beim Verrotten Wärme abgeben.

ERSTAUNLICH

Alle Korallen am Großen Barriereriff vor der Küste Australiens pflanzen sich zur gleichen Zeit fort. Das geschieht in einigen Nächten im November. Die Korallen geben Eier und Spermien ins Meer ab. Das Wasser färbt sich über Hunderte von Kilometern ganz trüb. Korallen geben so viele Eier ab, damit wenigstens ein paar von ihnen nicht von anderen Tieren gefressen werden.

FASZINIERENDE TIERWELT

Es gibt 60 Kuckucksarten, die ihre Eier in die Nester anderer Vögel legen. Die Eier haben eine besonders dicke Schale. So zerbricht das Ei nicht, wenn das Kuckucksweibchen es in aller Eile heimlich in ein fremdes Nest legt.

▶ Kabeljaue legen ihre Eier im offenen Meer. Die meisten Jungen werden gefressen. Das Weibchen legt bis zu 6 Millionen winziger Eier auf einmal, damit wenigstens einige Nachkommen überleben.

Im Nest

Wenn die Mutter ihre Eier nicht bewacht, besteht die Gefahr, dass sie geklaut oder gefressen werden oder zerbrechen. Die meisten Vögel und andere Tiere, die Eier legen, schützen deshalb ihr Gelege.

◀ Tölpel bauen Nester aus Seetang, in denen die Eier weich liegen. Die großen Seevögel nisten in Kolonien. Hier halten immer viele Augenpaare nach Fressfeinden Ausschau, damit die Eier nicht geklaut werden.

ERSTAUNLICH

Der Schneidervogel näht große Blätter mit Gras oder Rindenstreifen zusammen. In die Tasche baut er sein Nest. Die Eier sind so vor schlechtem Wetter und Fressfeinden geschützt.

▲ Webervögel flechten kunstvolle Nester aus Gras, die mit einem Ende an einem dünnen Zweig hängen. Der Eingang ist unten. So können Schlangen nicht hineingelangen und die Eier stehlen.

▲ Krähennester sehen nicht schön aus, sind aber gut gebaut. Kräftige Äste sind miteinander verflochten und das Nest ist mit Moos und Federn gepolstert, damit Eier und Jungen es weich haben.

▶ Spinnen wickeln ihre Eier in Seide, um sie zu schützen. Manche bleiben bei den Eiern, bis die Jungen schlüpfen, oder schleppen den Ei-Kokon mit sich umher.

▼ Spechte hämmern mit ihrem kräftigen Schnabel Höhlen in Bäume. In der Baumhöhle bauen sie ihr Nest. Später nutzen oft andere Tiere diese Bruthöhle.

FINDEST DU'S?

1. ein schlangensicheres Nest
2. ein Tier, das seine Eier mitschleppt
3. einen Vogel, der in Gesellschaft brütet

▼ Im Nest sind die Eier geschützt. Hier sitzen die Elternvögel auf dem Gelege und halten es warm, bis die Jungen schlüpfen. Dann dient das Nest als sicheres Zuhause für die Küken.

IDEEN-ECKE

Nester zum Aufessen

Bringe Schokolade im Wasserbad zum Schmelzen und vermische sie mit Cornflakes. Gib mit einem Löffel Portionen auf Backpapier und forme kleine Nester. Wenn sie fest geworden sind, lege eirunde Süßigkeiten hinein.

Schlüpfen

Nachdem das Nest gebaut ist, geht es mit der Arbeit richtig los. Vögel müssen die Eier immer warm halten, sonst können sich die Küken darin nicht entwickeln. Auch andere Tiereltern kümmern sich um ihre Eier, bis die Jungen schlüpfen.

ERSTAUNLICH

Es dauert etwa 21 Tage, bis sich ein Küken im Ei entwickelt hat. Die Vogelmutter muss das Ei dabei immer warm halten. Am Bauch hat sie dazu einen federlosen Fleck – den Brutfleck.

1. Das Küken pickt das Ei mit seinem Eizahn auf.

2. Es dreht sich, während es die Schale öffnet.

▼ Wenn ein Entenküken schlüpft, muss es sich sehr anstrengen. Es kann mehrere Stunden dauern, bis es die Schale aufgepickt hat.

3. Das Küken befreit sich aus dem Ei.

◄ Wanderalbatrosse legen nur in jedem zweiten Jahr ein Ei. Die Elternvögel müssen zwei Monate lang brüten. Dann dauert es noch neun Monate, bis das Junge fliegen kann!

◀ Die Jungen vieler Vögel, z. B. die des Zaunkönigs, sind nach dem Schlüpfen blind und hilflos. Sie werden im Nest von den Eltern versorgt, bis ihnen Federn gewachsen sind und sie fliegen können.

▶ Die Jungen vieler Wasservögel, z. B. Haubentaucher-Küken, schlüpfen mit einem flauschigen Federkleid und können das Nest sofort verlassen. Dennoch müssen sie noch warm gehalten und beschützt werden. Die Küken reiten auf dem Rücken der Mutter.

4. Die Mutter hält ihr Küken warm, bis sein Gefieder trocken ist.

IN DER URZEIT

Von vielen Dinosaurier-Eiern sind nur die leeren Eierschalen versteinert. 1997 aber hat man in Südamerika versteinerte Dinosaurier-Eier mit jungen Dinos im Inneren gefunden. Es waren die Jungen von *Saltasaurus*, der vor 80 Millionen Jahren lebte.

▶ Das Riesenkrakenweibchen hält seine Eier mit Wasser sauber. Ohne diese Hilfe würden die 100 000 Eier absterben. Wenn die kleinen Kraken schlüpfen, ist die Mutter so schwach, dass sie stirbt.

Tolle Väter

Viele Wirbeltiere, vor allem Säugetiere und Vögel, kümmern sich um ihre Jungen. Oft tun das nur die Weibchen. Bei einigen Tierfamilien aber kümmern sich die Männchen genauso gut um den Nachwuchs wie die Mütter – oder sogar besser.

▼ Seidenäffchen bringen meist Zwillinge zur Welt. Die Mutter schafft es nicht, sich allein zu kümmern, deshalb hilft der Vater. Oft haben die Jungen verschiedene Väter, sodass zwei Männchen bei der Aufzucht helfen.

WAS FRESSEN PINGUINKÜKEN?
Die Eltern tauchen abwechselnd nach Fischen, Tintenfischen und Krillkrebschen. An Land würgen sie die Mahlzeit für die Küken wieder hervor.

▲ Bei den Kaiserpinguinen trägt das Männchen das Ei auf seinen Füßen und bedeckt es mit einer Hautfalte – sieben Wochen lang!

▼ Bei Blatthühnchen überlässt das Weibchen das Brüten und Füttern der Küken dem Männchen. Es sucht sich einen anderen Partner und legt neue Eier.

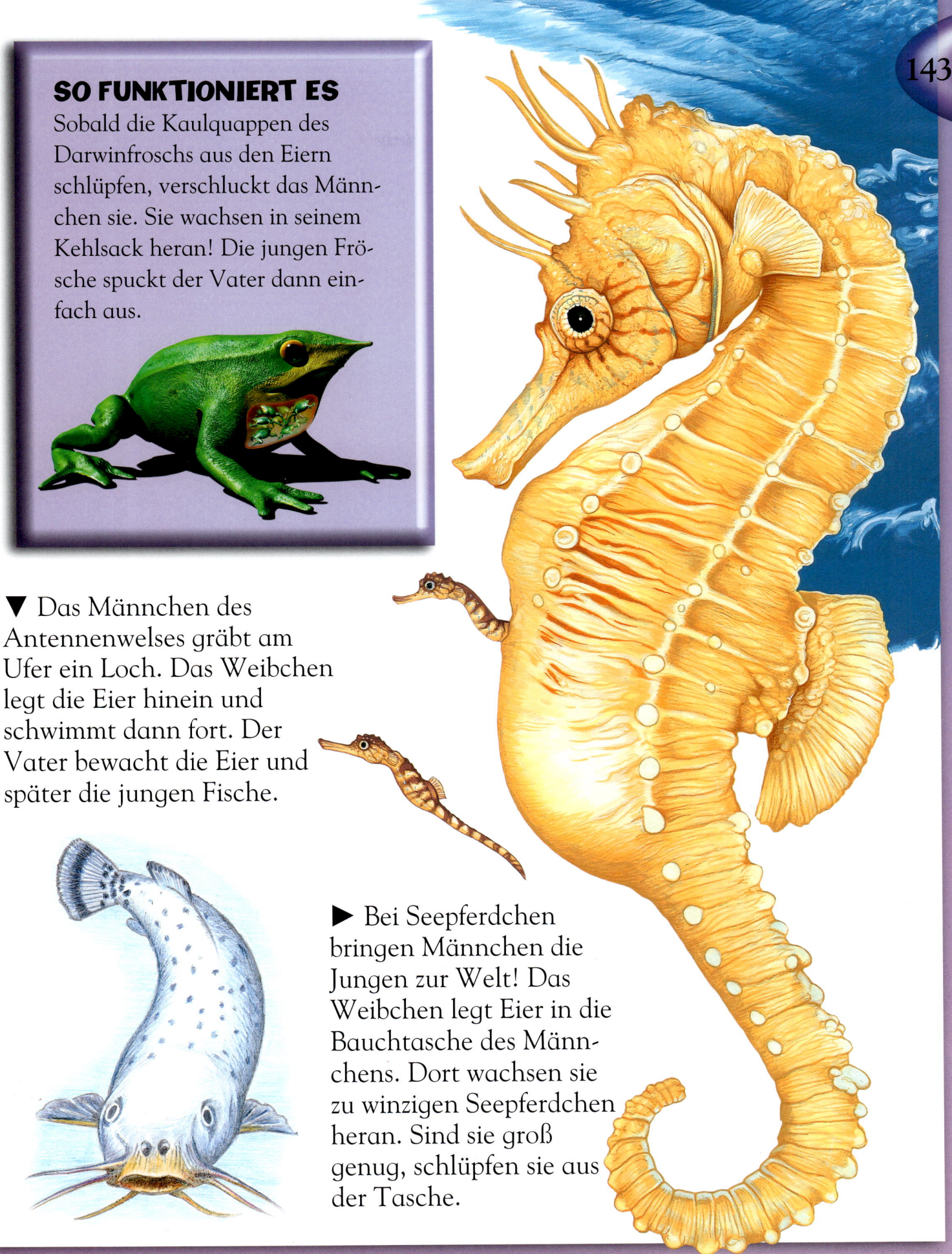

SO FUNKTIONIERT ES

Sobald die Kaulquappen des Darwinfroschs aus den Eiern schlüpfen, verschluckt das Männchen sie. Sie wachsen in seinem Kehlsack heran! Die jungen Frösche spuckt der Vater dann einfach aus.

▼ Das Männchen des Antennenwelses gräbt am Ufer ein Loch. Das Weibchen legt die Eier hinein und schwimmt dann fort. Der Vater bewacht die Eier und später die jungen Fische.

► Bei Seepferdchen bringen Männchen die Jungen zur Welt! Das Weibchen legt Eier in die Bauchtasche des Männchens. Dort wachsen sie zu winzigen Seepferdchen heran. Sind sie groß genug, schlüpfen sie aus der Tasche.

Verwandlung

Die Jungen vieler wirbelloser Tiere sehen anders aus als ihre Eltern. Ihre Gestalt gleicht sich der ihrer Eltern erst an, wenn sie heranwachsen. Die meisten Jungen von Wirbeltieren aber sehen schon wie ihre Eltern aus. Bei jungen Amphibien ist das nicht so, denn sie leben im Wasser und ihre Eltern an Land.

▲ Ein Libellenweibchen legt seine Eier an einer Wasserpflanze: Flügellose Larven leben als Räuber im Wasser. Nach ein oder zwei Jahren verlassen sie es, häuten sich und schwirren als Libellen mit Flügeln fort.

▲ Ein kleiner Marienkäfer sieht seinen Eltern nicht ähnlich. Er schlüpft als knubbelige Larve aus dem Ei und frisst Blattläuse. Die Larve verpuppt sich. Einige Wochen später schlüpft der fertige Marienkäfer.

ERSTAUNLICH

Viele Zikaden legen ihre Eier auf Baumrinde ab. Schlüpfen die Larven, vergraben sie sich im Boden. Manche Larven verbringen 13 bis 17 Jahre unter der Erde! Dann verwandeln sie sich in erwachsene Zikaden mit Flügeln.

▼ Aus einem winzigen Schmetterlingsei schlüpft eine Raupe. Diese frisst und wird größer und dicker. Dann verwandelt sie sich in eine Puppe. In der Puppenhülle wird ihr Körper zum Schmetterling. Wenn die Puppenhülle aufbricht, schlüpft ein wunderschöner Falter.

FINDEST DU'S?

1. eine Insektenlarve im Teich
2. Frosch mit Schwanz
3. langlebige Larve
4. Insekt, das aus der Puppe schlüpft

WORTSCHATZ

Larve

Jungen vieler wirbelloser Tiere wie Insekten nennt man Larven. Auch Jungen von Amphibien wie Fröschen nennt man so. Meist sehen sie anders aus als erwachsene Tiere und leben anders.

▼ Die meisten Frösche legen ihre Eier im Wasser ab. Aus den Eiern schlüpfen Kaulquappen, die einen Schwanz haben und mit Kiemen atmen. Allmählich wachsen ihnen Beine und die Kiemen bilden sich zurück. Als kleine Frösche verlassen sie schließlich das Wasser.

Säugetier-Junge

Säugetiere bringen Junge zur Welt, die schon weit entwickelt sind. Sie wachsen im Bauch der Mutter heran, wo sie es warm haben und geschützt sind. Nach der Geburt säugt die Mutter ihre Jungen mit Milch.

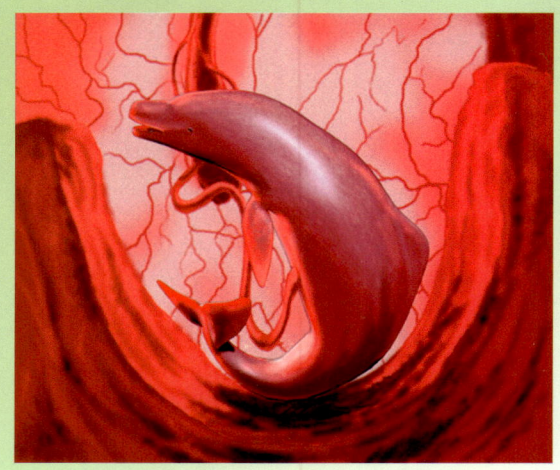

WER BRINGT DIE MEISTEN JUNGEN ZUR WELT?
Der Große Tenrek, ein igelähnliches Tier aus Madagaskar. Ein Wurf besteht aus bis zu 31 Jungen. Amerikanische Wiesenwühlmäuse können 15-mal im Jahr bis zu neun Junge bekommen!

▲ Die Jungen von Säugetieren, wie dieser kleine Delfin, sind im Bauch über die Nabelschnur mit der Mutter verbunden. Über das Blut der Mutter werden sie so mit Nährstoffen und Sauerstoff versorgt und brauchen nicht zu atmen.

Der Delfin kommt mit der Schwanzflosse voran zur Welt.

Sekunden später erscheinen Körper und Kopf.

▲ Ein Tiger kann in einem Wurf fünf oder mehr Junge zur Welt bringen. Bei der Geburt sind sie blind und hilflos. Die Mutter bleibt die ganze Zeit bei ihnen. Wenn sie größer sind, lässt die Mutter sie allein, wenn sie auf die Jagd geht. Die Jungen bleiben zwei Jahre lang bei ihr.

FASZINIERENDE TIERWELT

Eine Eisbärenmutter bringt im Winter in ihrer Höhle ein, zwei Junge zur Welt, die so klein wie Meerschweinchen sind. Sie säugt sie mit Milch. Im Frühjahr sind die Jungen so groß wie Cockerspaniel.

▲ Wenn Delfinbabys groß genug sind, bringt die Mutter sie unter Wasser mit der Schwanzflosse voran zur Welt. Die Nabelschnur reißt und der kleine Delfin muss zur Oberfläche schwimmen und seinen ersten Atemzug tun.

Delfine bringen immer nur ein Junges zur Welt.

Andere Tierkinder

Wie Säugetiere bringen auch einige Fische, Amphibien und Reptilien weit entwickelte Junge zur Welt. Und nicht bei allen Säugern sind die Jungen weit entwickelt. Säugetiere haben sich über viele Millionen Jahre aus Eier legenden Tieren entwickelt. Das kann man heute immer noch beobachten.

WIE LEBEN SCHNABEL-TIERE?

Diese nachtaktiven australischen Tiere tauchen in Flüssen und suchen mit ihrem Schnabel im Schlamm.

▲ Bei den Weibchen vieler Ottern und Vipern entwickeln sich die Eier im Körper. Die Mutter sonnt sich, sodass sich die kleinen Schlangen in der Wärme entwickeln können. Nach der Geburt können sie sofort loskriechen und sind selbstständig.

▶ Auch die meisten Haie bringen weit entwickelte Junge zur Welt. Im Bauch der Mutter ernähren sie sich vom Dottersack. Bei manchen Haien sind die Jungen durch eine Nabelschnur mit dem Körper der Mutter verbunden, genau wie Säugetiere.

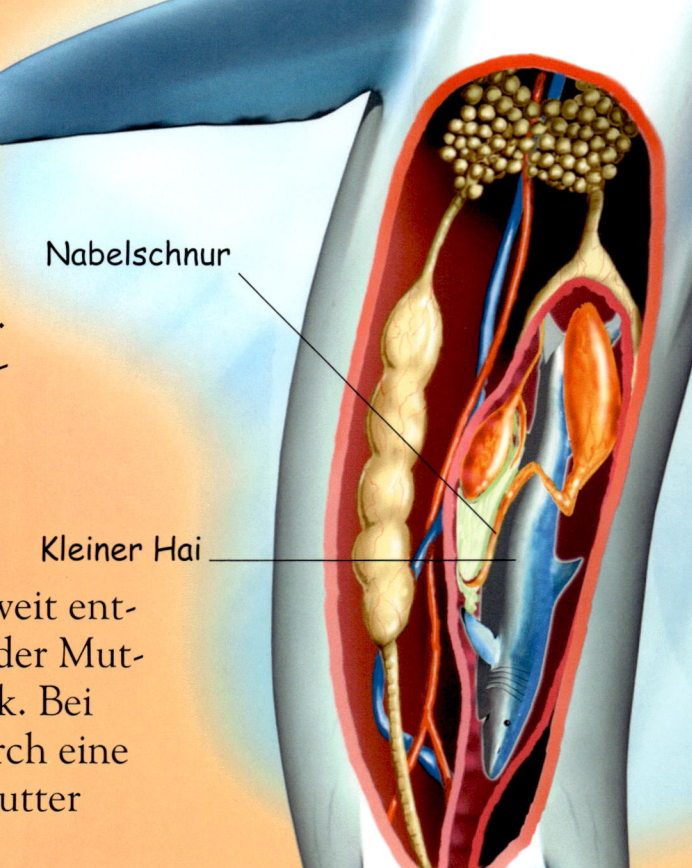

Nabelschnur

Kleiner Hai

ERSTAUNLICH

Neugeborene Kängurus sind blind, nackt und so groß wie dein kleiner Finger. Mit ihren Vorderpfoten klettern sie mithilfe der Mutter in den Beutel. Wenn die Winzlinge sicher im Beutel angekommen sind, beißen sie sich an einer Zitze der Mutter fest und trinken Milch.

▲ Das Schnabeltier ist ein Säugetier, das Eier legt. Das Weibchen legt zwei Eier, die so groß sind wie dicke Bohnen, und hält sie mit ihrem Körper warm. Nach zehn Tagen schlüpfen die Jungen. Die Mutter säugt sie mit Milch, genau wie andere Säugetiere.

▶ Kängurubabys entwickeln sich nur kurze Zeit im Bauch der Mutter. Nach der Geburt wachsen sie im sicheren Beutel weiter. Nach einigen Monaten sind sie so groß, dass sie draußen herumhüpfen können. Bei Gefahr und zum Milchtrinken schlüpfen sie aber wieder in den Beutel.

Gemeinschaften

Es macht viel Arbeit, Junge großzuziehen. Manche Tiere teilen sich diese Aufgabe. Sie bilden Familiengruppen oder sogar riesige Kolonien aus Millionen von Tieren. Bei einigen Tierarten ziehen die Verwandten die Jungen groß.

FASZINIERENDE TIERWELT

Soziale Faltenwespen leben wie Honigbienen und Ameisen in Kolonien. Gemeinsam bauen sie ein Nest aus Papier. Die Arbeiterinnen stellen aus Holzstückchen und Speichel eine Papiermasse her und formen daraus ein Nest. Darin leben die Königin und die Larven.

▲ In einem Bienenstock leben oft viele Tausend Bienen, aber nur die Königin legt Eier. Alle Arbeiterinnen sind ihre Töchter. Sie ziehen die Larven, also ihre eigenen Schwestern, groß.

▼ Auch in einer Ameisenkolonie gibt es eine Königin, die die Eier legt. Ameisen teilen die Arbeit unter sich auf: Einige Ameisen suchen Nahrung, andere bewachen das Nest oder kümmern sich um Eier und Larven.

▲ Bei Termiten ist die Königin riesig. Sie ist viel, viel größer als die Arbeiter und Soldaten, die ihre Kinder sind. Es gibt auch einen König, der die Eier der Königin befruchtet.

► Für kleine Tiere ist es oft schwierig, ihre Jungen zu beschützen und Nahrung für sie zu finden. Erdmännchen leben in Gruppen und teilen sich die Arbeit. Sie halten nach Gefahren Ausschau und suchen Futter für die Kleinen.

FINDEST DU'S?

1. ein Insekt, das Honig herstellt
2. eine dicke Königin
3. ein Nest aus Papier
4. ein Säugetier, das Gesellschaft liebt

WORTSCHATZ

Kolonie
Eine Gruppe von Tieren, die gemeinsam leben.

Königin
Das einzige Weibchen in der Kolonie, das Eier legt.

Arbeiter und Arbeiterinnen
Insekten, die die Larven der Königin großziehen.

Junge großziehen

Säugetiere sind die besten Eltern im Tierreich. Sie bringen weit entwickelte Junge zur Welt und säugen sie mit Milch. Danach kümmern sich die Säugetiereltern oft noch jahrelang um ihre Jungen. Sie bringen ihnen alles bei, was sie zum Überleben brauchen.

▲ Goldene Löwenäffchen säugen ihre Zwillinge, solange sie klein sind, und tragen sie auf dem Rücken. Wenn die Jungen erwachsen sind, teilen die Eltern Revier und Nahrung mit ihnen.

ERSTAUNLICH

Säugetiere tadeln ihre Jungen, wenn sie sich nicht benehmen. Delfinmütter drücken sie auf den Meeresgrund und machen ein lautes, summendes Geräusch direkt neben ihrem Kopf. Löwen geben frechen Welpen einen Klaps mit der Pfote.

▼ Im Frühjahr führt die Eisbärenmutter ihre Jungen zur Robbenjagd auf das Packeis. Sie füttert und beschützt die kleinen Bären zwei Jahre lang. Dabei bringt sie ihnen bei, wie man jagt, damit sie später allein leben können.

▶ Wölfe leben und jagen in Rudeln von etwa zehn Tieren. Aber nur das ranghöchste Weibchen bekommt Welpen vom ranghöchsten Männchen. Alle anderen Wölfe helfen, diese Welpen zu füttern, und bringen ihnen bei, wie man ein gutes Rudelmitglied wird.

► Eine Elefantenherde wird von einem alten Weibchen angeführt. Mit ihrer Erfahrung und ihrem guten Gedächtnis führt die Leitkuh die Herde zu Futter- und Wasserstellen

WELCHE TIERMUTTER IST DIE BESTE?

Orang-Utan-Mütter: Sie bekommen nur ein Junges, widmen ihm alle Aufmerksamkeit und kümmern sich um es, bis es ca. acht ist.

IDEEN-ECKE

Glitzernde Eisbärenhöhle

Schneide aus weißer Pappe einen Eisbären aus. Gib ihm Augen, eine schwarze Nase und Krallen. Schneide einen Berg aus und eine runde Klappe hinein. Sie ist der Eingang zur Höhle. Klebe den Bären hinten am Berg in den Eingang. Verziere den Eisberg mit Glitzer. Öffnest du die Klappe, begrüßt dich der Bär!

Alles klar?

▲ Viele Männchen kämpfen um ihre Weibchen. Hirschkäfer haben dafür ein großes Geweih.

▲ Die Männchen der Kaiserpinguine sind prima Väter. Sie wärmen das Ei im eisigen antarktischen Winter wochenlang auf ihren Füßen.

▲ Ein Schmetterling legt Hunderte stecknadelkopfgroßer Eier.

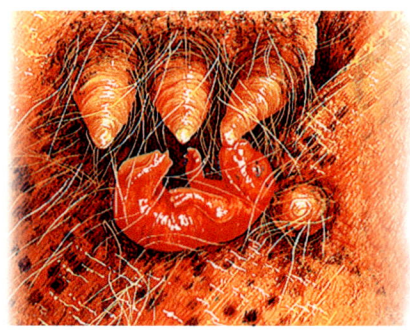

▲ Neugeborene Kängurus sind so groß wie dein kleiner Finger. Sie sehen aus wie rosa Würmer.

▲ Webervögel flechten aus Grashalmen schlangensichere Nester. Diese sehen aus wie Körbe, die am Baum hängen.

▲ Manche Larven ähneln ihren Eltern überhaupt nicht. In der Puppe verwandeln sie sich. Schlüpft das erwachsene Insekt, sieht es aus wie seine Eltern.

▲ Schnabeltiere sind Säugetiere, die Eier legen und ihre Jungen mit Milch säugen.

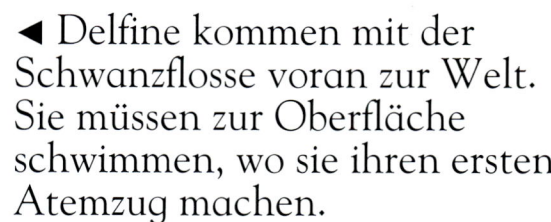

◄ Delfine kommen mit der Schwanzflosse voran zur Welt. Sie müssen zur Oberfläche schwimmen, wo sie ihren ersten Atemzug machen.

Register

Dank

Der Verlag dankt den folgenden Illustratoren:
Marian Appleton, Julian Baker, Mark Bergin, Peter Dennis (Linda Rogers), Richard Draper, James Field, Chris Forsey, Terry Gabbey (AFA Ltd), Peter Goodfellow, Lindsay Graham, Ray Grinaway, Ian Jackson (Wildlife Art), Martin Knowldon, Mike Lacey, Stephen Lings (Linden Artists), Patricia Ludlow, Kevin Maddison, Alan Male, David McAllister, Steve Noon (Garden Studio), Nicki Palin, Sebastian Quigley (Linden Artists), Bernard Robinson, Mike Roffe, Mike Rowe, Elizabeth Sawyer (SGA), Mike Saunders, Rob Shone, Guy Smith, Clive Spong, Mark Stewart, Charlotte Stowell, Chris Turnball, Steve Weston (Linden Artists), Roger Stewart, David Woods, Dan Wright, David Wright (Kathy Jakeman)

Illustrationen Ideen-Ecken: Ray Bryant

Es wurden alle Anstrengungen unternommen, die Künstler, deren Werke in diesem Buch abgedruckt sind, zu nennen. Sollte ein Künstler nicht genannt sein, handelt es sich um ein Versehen und der Verlag bittet um Entschuldigung. Gern werden wir ihn in küftigen Auflagen in den Dank aufnehmen.